고기가 아니라
생명입니다

고기가 아니라 생명입니다

ⓒ 황주영·안백린 2019

초판 1쇄	2019년 9월 30일		
초판 3쇄	2022년 1월 7일		
지은이	황주영·안백린		
출판책임	박성규	펴낸이	이정원
편집	이동하·이수연·김혜민	펴낸곳	도서출판 들녘
디자인	김정호	등록일자	1987년 12월 12일
마케팅	전병우	등록번호	10-156
경영지원	김은주·나수정	주소	경기도 파주시 회동길 198
제작관리	구법모	전화	031-955-7374 (대표)
물류관리	엄철용		031-955-7381 (편집)
		팩스	031-955-7393
		이메일	dulnyouk@dulnyouk.co.kr
		홈페이지	www.dulnyouk.co.kr
ISBN	979-11-5925-455-0 (03330)	CIP	2019033845

이 도서의 국립중앙도서관 출판예정도서목록(CIP)은 서지정보유통지원시스템
홈페이지(http://seoji.nl.go.kr)와 국가자료공동목록시스템(http://www.nl.go.kr/kolisnet)에서
이용하실 수 있습니다.

비건 셰프와 철학자의 동물생각

고기가 아니라 생명입니다

황주영·안백린 지음

일러두기

1. 이 책에서는 '암컷' '수컷'이라고 부르는 생물학적 성별 구분을 '여자' '남자'로 표기한다. 한국어에서는 동물과 인간을 구별해 사용하는 단어가 있다. 가령 인간 외의 동물의 머리를 일컫는 '대가리'를 인간의 머리를 지시할 때 사용하는 것은 비하의 의미가 담겨 있다. 인간의 성적 행동이 비윤리적일 때 우리는 인간의 성별을 암컷이나 수컷으로 부른다. 즉 인간 외의 동물과 인간을 구별하여 사용하는 단어들은 인간을 더 우월한 종으로 여기는 관점에서 나온다. 따라서 종차별주의에 반대하는 이 책에서는 그런 차별적 언어를 피하고자 한다.

2. 마찬가지 이유로 동물에게는 '마리'라는 단위를 붙이지만, 이 책에서는 '마리' 대신 '명'이라는 단위로 표기한다.

사회에서 육식은 지극히 일반적인 것으로 받아들여진다. 반면 채식을 하는 사람은 종종 유별난 취급을 받는다. 일반적으로 맛있다고 여겨지는 것을 먹는 행위에 대해 "윤리적으로 틀렸다"고 하는 것에 사람들은 불편해하기 때문이다. 그래서 한 사람을 채식주의자로, 특히 비건으로 살도록 설득하는 일은 어렵다. 사람들은 바쁜 일상에 치여 동물에 관해 깊이 생각할 겨를이 없고, 심지어 간단한 음식조차도 차려먹기 힘들 때도 있다. 마음의 여유도 없는데 비건이라니!

그럼에도 나는 비건을 지향하며 살고 있다. 물론 불편을 어느 정도 감수하며 살아야 한다. 육식이 일반화된 사회에 저항하면서 채식주의자에 대한 편견 가득한 시선을 견디는 삶이다. 공장식 축산이 매일 수천만 명의 동물을 고통에 빠트리지만, 이를 해결하려는 사회적 변화는 너무나도 느려 절망스럽다. 회사에서나 친구들과 함께 있을 때 딜레마적인 상황이 올 때면 고뇌가 많아진다. 다른 사람이 고기를 먹는 게 정당화될 수 있을지 감히 고민하게 된다. 친구나 친척과 여행을 갈 때, 그들의 배려 반 불편함 반이 담긴 시선이 비참하기도 하다.

나는 각종 딜레마에 부딪쳐 고민하다가, 일종의 설문조사를 하기 시작했다. 강의에서 "당신에게 비건은[　　]이다."라는 문장을 주며 빈칸을 채워보라고 했다. 비채식인 수강생들이 해준 답변은 무척 놀라웠다. 그 중 기억에 남는 답변 중에는 '휴머니즘' '잊었던 것을 다시 찾을 수 있는 자극' 그리고 '고향', '본향' 등이 있다. 비채식인에게는 채식이라는 게 불편하기만 할 줄 알았는데, 많은 사람들에게 향수와 정신적 만족감을 주는 자극일 수 있었던 것이다. 이로써 나 또한 비채식인이 무조건 채식을 불편해할 거라는 막연한 두려움과 편견을 벗어던질 수 있었다.

　사람들은 당장 삶에 큰 변화를 주는 것을 힘들어할 뿐, 채식이 가진 의미와 철학에 공감하는 것은 어려워하지 않을 수 있다. 그리고 채식에 마음을 열고 '할 수 있는 것만큼의 채식'을 시작하는 건 쉬운 일일지 모른다. 그리고 어떻게 더 많은 채식을 할 수 있을지 고민하고, 수많은 동물의 죽음을 막기 위해 노력할 수 있을지 모른다.

　내가 '할 수 있는 만큼'이라는 단어를 선택한 건, 처음부터 윤리적으로 완벽한 행동을 강요할 수 없기 때문이다. 아니, 애초에 윤리적으로 완벽할 수 있는 사람은 없다. 사람은 타인보다 자신의 편의부터 우선시하기 마련이다. 실제로 자신이 편하지 않은 상태에서 타인을 먼저 생각하는 건 어렵기도 한 일이다. 그래서 사람은 동물을 사랑하면서 동시에 동물을 먹으며 공허한 마음을 위로하고, 반려견은 소중히 하면서 소나 돼지는 음식취급을 하며, 의료기술 뒤편에서 일어나는 동물 착취에 눈을 감고 약을 섭취한다.

개개인 한 명 한 명을 찾아가 이런 행동들이 윤리적으로 그릇됐다고 강변하며 당장 고치라고 하고 싶지는 않다. 나 역시 한때 이런 행동을 답습했고, 아직도 일부는 고치지 못했기 때문이다. 중요한 건 우리가 현실에서 편하고자 이렇게 행동한다는 걸 '어쩔 수 없지'라며 외면하지 않는 것이다. '내가 그렇구나' 받아들이고, 이해의 마음으로 자신을 직면하고, 어떤 게 더 나은 행동인지 고민하는 태도를 갖는다면, 최대한 '할 수 있는 것'을 찾아 함께 나아갈 희망이 있기 때문이다.

여기서 고백하자면, 나는 퇴근 후 너무 피곤할 때, 바나나가 편의점에 있음에도 불구하고 별로 안 좋아한다는 이유로 동물이 들어간 음식을 먹은 적도 있다. 또한 멸치를 우려낸 육수를 먹고 동물실험 한 약을 먹으며 통증 완화를 하기도 했다. 한동안 나는 이런 내 자신의 부족함을 인정하고 싶지 않았다. 동물권 활동가가 된 뒤에도 윤리적으로 모순된 행동을 한다는 사실을 숨기고도 싶었다. 내가 스스로 모순된 행동을 한다는 게 너무 부끄러웠다. 욕심을 조금 더 버리면 충분히 선택할 수 있는데, 스스로에게 너무 관대한 것 같았다.

종국에 나는 이러한 모순을 받아들이기로 했다. 누구도 완벽할 수 없기에 내 모순들도 어쩌면 당연한 모습이지 않을까? 물론 나 자신이 윤리적으로 옳거나 당당하다는 뜻은 아니다. 현실의 한계 속에서도 꿋꿋이 실천을 하는 훌륭한 사람은 많다. 나 또한 스스로에게 채찍질을 해야 한다. 하지만 사람의 삶이 변하는 데는 어느 정도 적응의 시간이 필요한 것도 사실이다. 인간이 변화하는 데에는 시간이 걸리고, 변화하라고 압박만 한다면,

변화하는 것 자체를 멈추고 싶어 하기 마련이다. 그렇게 '변화의 시간' 동안 스스로를 돌아보며, 나의 불완전함을 솔직하게 이 책에 적어 내려갔다. 그간 불편하게만 생각했던 내 모순을 샅샅이 분석해본 것이다.

그간 나는 "생명이 죽어가는 걸 막는 건 하루가 급한데. 어떻게 내가 변화하기 위한 나의 마음의 여유부터 찾을까?"하며 그 간극에 대해 끊임없이 고민을 했었다. 신기하게도 그 마음의 여유는 '나의 모순'과 나의 '변화의 시간'을 인정하면서 생겼다. 그 여유는 나의 모순들을 스스로 직면할 수 있는 힘으로 이어졌다. 이미 파괴되어 돌이킬 수 없는 자연과 생명들이 마음 안에 들어왔다. 나 자신이 아닌 수많은 고통을 받고 있는 동물에 관심이 가고 마음이 급해졌다. 내가 조금만 노력한다면, 소중한 생명들을 살릴 수 있는 경우가 많은데, 내가 전에 했던 선택으로 그 생명들을 돌이킬 수 없음에 마음이 아팠다. 그 후 나의 식탁 위에는 고기가 점점 더 사라져 갔다.

우리는 일반적으로 고기를 많이 섭취하지만, 그것을 끊을 때에는 이처럼 복잡한 감정이 뒤따라온다. 그래서 이 책에 나는 단순히 "육식을 하지 말라"는 말만 담지 않았다. 내가 음식과의 관계를 회복하면서 겪은 경험과 고민을 함께 적어 내려갔다.

내용을 간략히 소개하자면, 1부 '동물권 그리고 그 너머'에서는 종차별의 구조와 원인, 문제해결을 위한 윤리적 접근에 대한 다양한 논의와 관점을 소개한다. 동물에 대한 권리담론 뿐만 아니라 동물문제에 다양하게 접근하면서, 기존 동물문제 책들이 잘 다루지 않는 복잡성을 보여준다.

2부 '비건을 지향하며 산다는 것'에서는 비건 셰프로서 동물권이라는 무거운 사회적 문제를 요리로 전하는 것은 '우아하기만 하고, 가벼운' 운동 방식은 아닐까라는 고민, 또 레스토랑을 하면서 소비자와의 갭에 대한 생생한 예시와 고민, 음식과 인간과의 관계에 대한 고찰을 담았다. 2부를 읽으며 그간 가격과 무게로만 판단한 채소가 아닌, 계절과 시간의 흐름에 따라 다양한 맛을 내는, 생생한 흙 속의 이야기를 담은 채소에 관해 알아볼 수 있을 것이다. 채소가 발산하는 고귀한 향기가 당신의 식탁에 오르기를 바란다.

　　3부 '고통에서 공존으로'에서는 육식으로 인한 공장식 축산 문제뿐만 아닌 각종 사회적 문제를 다루고, 동물의 고통을 줄일 수 있는 대안과 변화의 방향을 제시한다. 다양한 정보와 경험 속에서, 이상과 현실의 간격이 좁아졌으면 좋겠다.

　　우리는 동물로 만들어진 옷과 음식과 가구들이 상품으로 가볍게 팔리는 시대에 산다. 그러나 소비는 하나의 선택이자 책임을 져야 하는 행위이다. 때문에 내 몸을 위한 (보신주의적) '알 권리'만 외치는 것이 아니라 타자의 고통을 (공익적인) '알 책임'을 가져야 한다. 물론 우리는 현실적 조건 앞에서 우리의 책임과 이상을 내려놓고는 한다. 이 책에 실린 나의 이야기를 보며, 윤리적 이상과 현실적 조건의 간극에서 고민하는 독자들이 자신의 모순을 받아들이며, 직면하고 앞으로 나아갈 수 있기를 바란다.

2019년 9월
안백린

목 차

1부   동물권 그리고 그 너머

1부

동물권 그리고 그 너머

1. 공존의 시작:
인간중심주의 털어내기

혹성탈출 속 종차별주의

"안 돼!"

영화 〈혹성탈출: 진화의 시작〉의 주인공인 침팬지 시저의 첫 '대사'다. 치매 치료제 개발을 위한 실험동물로 사용된 시저는 엄청난 지능을 보인다. 보호소에 갇혀 학대당하던 시저가 자신을 때리는 직원의 몽둥이를 막고서 처음 외친 말이 바로 이 대사였다. 뇌기능을 향상시키는 치료제를 맞은 시저가 보이는 행동은 인간과 다를 바가 없다. 도구를 사용하고, 여러 사람들과 관계를 맺으며 사회 속에서 살아가고 싶어 하며, 자유를 갈망하고 다양한 활동을 하고 싶어 한다. 시저는 거울을 볼 줄 알며, 가족을 보호하려 위험에 뛰어들고, 치매에 걸린 할아버지가 포크를 거꾸로 잡고 음식을 집을 수 없어 당황하자 포크를 바로잡아준다. 시저는 자기 이름을 알며, 자기가 인간인지 침팬지인지 묻는다. 그리고 마침내 인간의 언어를 사용하게 된다. 인간이 할 수 있는 모든 것을 하면

〈혹성탈출〉의 주인공 '시저'(출처: 네이버 영화)

서, 인간보다 더 강인하고 민첩한 육체를 가진 침팬지는 더 이상 실험실이나 동물원, 보호소에 갇혀 있을 이유가 없다.

영화는 인간의 횡포를 동물이 겪는 그대로 보여주고, '인간처럼' 진화한 침팬지를 거울삼아 인간의 오만, 독선, 폭력성을 그대로 비춘다. 하지만 이 영화에도 인간중심적인 시선은 여전히 남아 있다. 동물이 '인간만큼' 지능을 갖추고 '인간의' 언어를 사용할 때만, 즉 '인간처럼' 되었을 때에야 동물을 어떻게 대우해야 하는지 질문하기 때문이다. 영화의 부제는 '진화의 시작'이다. 하지만 생물학적으로 보자면, 현재 지구상에 존재하는 모든 생물 종은 수억 년간 계속된 진화의 최첨단에 와 있다. 물론 앞으로도 끝없이 진화할 것이다. 그렇다면 침팬지가 '인간처럼' 되는 것을 진화의 시작이라고 보는 것은 인간이 다른 동물보다 더 낫다고 여기는 '종차별주의'적인 생각을 반영하는 것 아닐까?

인간중심주의의 오류

'종차별주의'는 생명을 가진 여러 종들 사이에 서열을 매겨서 더 가치 있는 생명과 덜 중요하거나 가치가 아예 없는 종을 구별하여 다르게 대우하는 것이다. 이 위계에서 제일 꼭대기에 군림하는 것이 인간이다. 이것을 다른 말로 '인간중심주의'라고 한다. 인간중심주의는 쉽게 말해 인간이 세계의 중심이라고 생각하는 관점과 태도다. 인간중심주의의 관점에서는 세상에 존재하는 다른 모든 것들은 인간을 위해 존재하고, 인간은 자신의 목적을 달성하기 위해서 다른 존재자들을 소유하거나 마음대로 처분할 수 있다.

이런 방식으로 인간은 자신을 다른 동물들과 구별하고 동물의 세계에서 면제시켰다. 동물과 자연을 다루는 다큐멘터리 영상을 보자. 열대우림의 화려한 새들, 세렝게티 평원을 누비는 사자, 나뭇잎을 꼭 닮은 곤충, 나무 사이를 날쌔게 옮겨다니는 긴팔원숭이, 밀렵 때문에 고통받는 멸종 위기의 동물들까지 온갖 동물들이 등장한다. 이 동물의 세계의 출연자로 캐스팅되지 않는 유일한 동물이 있다. 바로 인간이다. 동물의 세계를 다루는 텔레비전 프로그램이나 책에는 인간이 없다. 인간은 스스로를 동물이 아니라고 생각할 때가 더 많기 때문이다.

우리는 보통 자연계의 생명체들 중 인간이 가장 우월하며, 다른 동물들은 상대적으로 열등하다는 생각을 가지고 있다. 이런 생각은 서양을 중심으로 17~18세기에 더욱 강해졌다. 급격한 과학 발전 시기에 사람들은 신 중심의 사고에서 점차 벗어나, 과학적 방법으로 진리를 밝히고 이를 통해 끝없는 진보를 이룩할 주체로서 인간을 세상의 중심에 세우기 시작했다. 그 과정에서 육체는 기계장치와 같은 것으로 이해되었다. 당시에는 해부학이 크게 유행했는데, 해부실험에 사용된 동물들은 시계와 같은 기계로 간주됐다. 과학자들은 마취도 하지 않은 채 동물들을 묶어놓고 배를 갈랐고, 이때 터져 나온 개와 고양이의 비명은 시계태엽을 감을 때 나는 소리와 같이 취급했다. 죽은 사물과 같은 동물의 육체는 과학자들에게는 의학 지식을 얻기 위한 수단에 불과했다.

현대에는 이런 무자비한 일은 드물지만, 인간이 동물을 이해하는 방식과 생각의 구조가 크게 바뀌지는 않았다. 불치병이나 난치병 치료제를 개발하기 위한 동물실험이 필요악이라는 생각은 여전히 동물의 생명이 인간을 위해서 희생될 수 있다는 것을 전제한다. 자연과 동물은 인간이 경제적 이익을 원할 때는 자원이나 상품으로서 가치 있는 것이 되고, 인간에게 눈에 보이는 이익을 주지 않는 동식물은 가치가 없거나 해로운, 해충, 유해동물, 잡초로서 제거 대상이 된다. 다른 한편 인간의 손이 닿지 않은 야생은 오염 없이 보존되어 인간에게 화려한 볼거리와 낯선 경험을 제공할 수 있을 때만 가치를 갖는다. 결국 인간 외의 동물과 자연환경을 철저히 인간의 필요와 이익에 따라서 이해하고, 인간이 원하는 대로 사용하는 태도는 여전한 것이다. 그런 인간중심주의는 그 구체적인 방식만 달라졌을 뿐, 몇 백 년 전이나 현대에나 계속 그 구조는 동일하다.

이런 일이 가능한 것은 동물과 자연이 열등하다고 여기기 때문이다. 많은 철학자들이 세상에 존재하는 것들의 근원을 육체와 정신으로 나누었다. 이런 생각을 이원론이라고 한다. 신은 '정신'으로만 존재하며, 의자나 책상, 광물과 같은 사물들은 '육체'만 가지고 있다. 인간은 육체와 정신을 둘 다 가지고 있다. 그런데 이원론은 세계의 근원적 토대를 둘로 나누었을 뿐만 아니라, 육체와 정신 사이에 서열을 매겼다. 물리 법칙에 종속되어 있고 변화하고 소멸하는 육체와 물질보다는 영원불변하는 진리를 포착할 수 있고 자유로운 선택을 할 수 있는 정신이 우월하다는 것이다. 따라서 우월한 정신이 열등한 육체를 통제하고 지배해야 한다.

이 이원론적 위계에 따르면, 인간 외에 동식물은 정신을 갖고 있지 않다. 그러므로 자연과 동물을 관리하고 지배하고 소유하는 것은 인간의 몫이다. 근대 이후의 세계관에서, 신을 제외하면, 인간보다 똑똑한 존재는 없다. 그렇다면 '똑똑함'의 기준은 무엇일까? 여기에는 여러 가지가 포함된다. 대상을 이해하고 지식을 얻을 수 있는 지성, 도구를 만들고 사용하는 능력, 아름답고 추한 것과 옳고 그름을 판별하는 능력, 자신의 의지에 따라 어떤 행위를 하거나 하지 않을 수 있는 자유, 언어를 사용해 정보와 의사를 전달하고 표현하는 능력, 놀이와 유희를 즐기고 예술작품을 만드는 창의성, 지식과 경험을 배우고 전수하여 역사를 구성하는 힘, 사회를 이루어 다른 이들과 협력해나가는 능력, '나는 누구인가?'와 같은 질문을 던지고 나와 세계에 대해 반성하고 사색하는 능력 등이 일반적으로 인간을 다른 동물과 구별하는 특징이다.

다르지도 같지도 않은 이유

그런데 인간만의 고유한 특징이라고 하는 것들 중 많은 것이 여러 동물들에서 발견된다. 까마귀는 단단한 나뭇잎이나 가지를 알맞은 모양으로 잘라 창을 만들어 깊은 곳에 숨어 있는 벌레를 사냥한다. 멧도요새는 다리가 부러지면 진흙을 다리에 발라 굳혀서 깁스를 만들어 치료한다. 우간다의 침팬지는 트리킬리아 루베센스라는 풀과 진흙을 섞어 말라리아를 치료하는 약으로 섭취한다. 일본에서는 한 원숭이가 흙이 묻은 과일을 바닷물에 씻어 먹기 시작하자 점점 더 많은 원숭이가 같은 행동을 보인 사례가 관찰됐다. 이런 사례들은 많은 동물이 도구를 사용한다는 것을 보여준다. 도구를 사용한다는 것은 동물들이 자기가 살아가는 환경과 자신의 상태를 이해하며, 필요한 것이 무엇인지 알고 그에 맞게 계획을 세운다는 뜻이다. 또한 여러 동물종은 경험을 통해 배우며, 학습한 내용이 도움될 때는 그 지식을 동료나 자손에게 전달한다.

뿐만 아니다. 돌고래의 초음파는 지역마다 다른 의미를 지니는 사투리가 있다고 한다. 이는 돌고래의 초음파 언어가 인간의 언어처럼 본능에만 의존하는 게 아님을 보여준다. 개들 사이에는 놀이의 법칙이 있다. 만나면 인사를 나누고 놀이가 싸움으로 번지지 않도록 하는 규칙이 있으며, 이를 어길 때는 무리에 잘 섞이지 못하거나 나이가 많은 다른 개들이 훈계를 한다. 동물들에게도 일종의 규범이 있는 것이다. 남자 바우어 새는 아름다운 정원과 멋진 건축물을 지어 구애를 하고, 여자 바우어 새는 그 정원이나 건축물이 얼마나 아름다운지, 자기의 취향에 맞는지를 보고 짝을 정한다. 또 여러 동물들이 사회를 이루어 분업과 협력을 통해 살아가고, 어떤 동물들은 거울 속 자신의 모습을 알아본다. 즉 '나'에 대한 의식을 가지고 있다는 것이다.

인간이 다른 동물들보다 자신이 더 탁월한 존재임을 증명하기 위해 내세웠던 많은 자질들은 인간의 전유물이 아니다. 하지만 다른 종의 동물들이 인간만큼 똑똑하다거나 인간과 비슷한 능력을 가졌기 때문에 존중받아야 하는 것은 아니다. 인간을 기준으로 삼아 다른 동물들의 가치를 평가하

여자 바우어 새를 유혹하기 위해 건축물을 짓는 남자 바우어 새들

는 것은 결국 인간중심주의로 돌아가는 것이다. 반대로 치타처럼 빠르게 달리는 능력이나 철새처럼 멀리 나는 능력을 기준으로 평가하면 인간은 열등생 신세를 면치 못할 것이다. 다른 동물들이 다양한 능력과 자질을 지녔다는 사실에서 우리는 다음의 두 가지를 배울 수 있다.

첫째로는 우리가 동물과 자연세계에 대해 알고 있는 것은 아직 극히 일부일 뿐이며, 그마저도 편견에 물들어 있다는 것이다. 지구상에는 100만 종이 넘는 동물들이 살고 있다. 각 종은 각자의 방식으로 진화의 최신 버전에 와 있으며, 자신에게 가장 필요하고 제일 잘 어울리는 능력을 가지고 있다. 게다가 한 종에 속하는 개체들은 나름의 개성을 가지고 있다. 인간도 그중 하나다. 100만 종 중 하나일 뿐인 인간을 기준으로 다른 동물들을 이해하고 판단하고 가치를 매기는 것은 우리를 둘러싼 다채로운 세계를 이해하는 데 도움이 되지 않는다.

둘째, 동물인 인간의 정신적 능력은 자연에서 동떨어져 있거나 육체적인 것과 대립하고 물질적인 것보다 우월한 것이 아니다. 정신은 어느 날 하늘에서 뚝 떨어진 것이 아니다. 육체와 정신, 자연과 문화는 완전히 똑같은 것도 아니지만 그렇다고 완전히 구별되는 것도 아니다. 정신과 문화 역시 동물인 인간이 진화하는 과정에서 개발해온 것으로 이해할 수 있다. 까마귀가 자기 부리에 맞는 도구를 만들어 쓰듯이, 인간은 인간의 육체에 맞는 도구를 개발했다. 인간의 정신능력만 외계인이 심어주거나 신이 인간에게만 몰래 선물해준 것이 아니다. 그런 능력들은 하나의 동물종으로서 인간에게 속하는 것이다.

공존을 모색하기

인간중심주의를 벗어나야 한다고 해서 우리가 동물에 대해 아무런 가치 판단도 하지 말아야 하는 것은 아니다. 우리는 어쨌든 항상 판단을 해야 하고, 판단에는 판단하는 사람의 관점과 입장이 반영되기 마련이다. 그렇다고 어차피 우리는 우리 입장에서 판단할 수밖에 없으니 동물에 대해 인간 마음대로 생각하는 것은 당연하다고 믿을 필요도 없다. 만일 바퀴벌레가 먹다가 뱉고 또 배설을 해놓은 빵을 우리가 그냥 먹는다면 배탈이 날 것이다. 멧돼지가 고구마를 다 먹어치우게 내버려둔다면 농민들은 한 해 농사를 망치게 될지도 모른다. 그렇다고 멧돼지를 몽땅 잡아들이고 바퀴벌레를 전멸시켜버린다면 다른 끔찍한 일이 벌어진다. 멧돼지가 사냥하는 작은 동물들의 개체수가 늘어나 이번에는 이 동물들이 농사를 망칠지도 모른다. 지구의 청소부 역할을 하는 바퀴벌레가 사라지면 죽은 동물들의 사체를 분해하고 낙엽을 토양의 영양분으로 바꿔주어 자연의 순환을 돕는 중요한 종을 하나 잃는 셈이다. 극단적인 두 길만 있는 게 아니다. 우리는 인간의 삶과 동물이나 환경의 삶을 함께 지속시키는 공존의 방법을 모색해야 한다.

동물행동학자인 프랑스 드 발Frans De Waal은 이렇게 질문한다. "자연에서 자신의 위치에 대해 던질 수 있는 질문이라곤 '거울아, 거울아, 세상에서 가장 똑똑한 종이 누구니?'밖에 없다면, 우리는 얼마나 이상한 동물인가?"[01] 우리가 인간 외의 다른 동물은 물론 자연환경과 더불어 살아가기 위해서

01　　프랑스 드 발 지음, 이충호 옮김, 『동물의 생각에 관한 생각』, 세종서적, 2017, 251쪽.

던져야 할 질문은 인간의 우월성을 증명하기 위한 질문이 아니다. 우리가 스스로 답을 찾아야 할 질문은 이런 것들이다.

> 우리는 인간이라는 동물에 대해 얼마나 알고 있는가? 우리 자신을 포함해 동물이 세계 안에서 행복하게 살아가기 위해서는 무엇이 필요한가? 동물과 자연에 관한 우리의 태도와 문화가 어떠해야 인간을 비롯한 동물이 상호관계 속에서 공존할 수 있을까?

2.   동물의 고통으로 쌓은 자본

셋 중 하나는 하림닭

한국에서는 매년 9억 명 정도의 닭이 소비된다. 이것은 국내에서 도축된 닭의 수이니, 이미 도축되어 통닭이나 분말 양념 등의 여러 형태로 수입된 닭까지 합치면 이보다 훨씬 많은 닭이 소비되고 있다. 국내에서 닭을 가장 많이 판매하고 있는 기업은 하림이다. 2017년 말 기준 하림의 시장점유율은 30.3퍼센트에 이른다. 2006년에는 18.5퍼센트였다. 다른 기업들도 이와 비슷한 규모였다. 이후 여러 계열사로 묶여 있는 이 대규모 회사들의 시장점유율은 가파르게 증가했다. 하림이 2018년 제공한 기업설명 자료에 따르면, 현재 하림을 포함한 여섯 개 큰 규모의 기업들이 닭고기 시장의 약 90퍼센트를 차지하고 있다.

2017년 농림축산식품해양수산위원회 소속 김현권 더불어민주당 의원은 닭·오리 분야의 독과점이 정부의 대규모 사업자 편중 지원에 의한 것이라고 지적한다. 김 의원에 따르면 "농림축산식품부가 지난 10년 동안 닭·오리 계열화사업자 지원자금 중 38퍼센트를 하림그룹에 집중 지원한 것을 비롯해 상위 10개 사업자에 전체 지원자금의 77퍼센트를 퍼부은 것으로 드러났다."[02] 김 의원은 이로 인해 소규모 농가가 소수 대기업에 종속된다고 우려했다.

이런 대기업들의 특징은 여러 관련 계열사를 소유하거나 계열사들과 연결되어 있다는 것이다. 하림의 경우 가축과 반려동물 사료를 만드는 계열사, 양돈 사업을 하는 계열사, 우량 품종의 가축을 기르는 종축사업체, 해운사업체, 홈쇼핑 등을 거느리고 있는 제일홀딩스에 속해 있다. 즉 닭을 대규모로 사육할 때 필요한 사료, 상품화된 닭고기를 판매하고 국내외로 운송하며 홍보하는 각종 통로를 가지고 있는 것이다. 이런 상황에서 소규모 농가는 거의 자립하기 어려우며, 일종의 하청업체처럼 대기업에 납품을 하거나 사료와 운송, 판로 등을 대기업에 의존할 수밖에 없다.

농림축산부는 '가축계열화사업'을 실시하고 있다. 계열화 integration란 생산, 유통, 판매를 하나의 경영체가 총괄하는 시스템을 말한다. 국내에는 약 1600개의 축산농가가 있는데 50여 개의 계열화사업자가 축산농가와 계약을 맺어 관리하고 있다. 앞에서 말한 대기업들 역시 계열화사업을 통해 직접 동

---

02 "닭·오리 '하림' 등 소수 대기업 시장점유율 급속 확대…농가 종속 우려", 『경향비즈』, 윤희일 선임기자, 2017. 10. 12.

물을 사육하는 농장, 사료와 가공육을 만들고 포장하는 공장, 상품을 유통 판매하는 시장을 하나로 통합한다. 이런 통합은 독과점을 불러온다. 계열화를 이룬 기업과 일반 축산농가는 경쟁 상대가 되지 않기 때문이다.

축산업에서 대기업의 계열화는 언뜻 생각하면 동물복지, 위생관리와 책임 면에서 발전적 변화를 가져올 것처럼 보인다. 아무래도 설비나 관리 시스템에 대한 거액의 투자가 가능하기 때문이다. 실제로 하림은 동물복지 시스템을 도입했다고 홍보하고 있다. 하지만 축산업에서 대기업 점유율이 높다는 것은 그만큼 공장식 축산으로 생산되는 동물의 수가 많아진다는 것을 의미한다. 정말 대기업 중심의 '동물상품' 생산 시스템이 동물복지를 실현할 수 있을까? 이윤을 추구하는 기업은 과연 동물에 대한 폭력을 멈출 수 있을까? 끊임없이 더 많이 생산해서 더 싼 값에 더 많이 팔아치우는 것이 목표인 한, 정부 지원을 등에 업고 미디어와 과학기술을 소유한 거대기업의 강고한 시스템은 동물의 착취를 그만둘 수 없을 것이다.

자본주의적 가축

하림의 조현성 상무는 한 기고문에서 동물복지 도계시설을 소개하면서 이산화탄소를 이용한 도살과 살아 있는 닭을 출하할 때 기계로 닭을 이동시키는 오토 캐칭 방식의 장점을 설명한다. 글의 초반에는 이 방식이 닭의 복지를 위해 필요하다는 점을 강조하지만, 실제로 이 시스템이 무엇을 위한 것인지는 금방 드러난다. 바로 상하차 및 도살 시의 편의를 높이는 것이다. 기계화를 통해 인건비를 낮추고, 닭이 손상을 입는 것을 방지해서 상품화될 수 있는 닭의 숫자를 더 많이 확보할 수 있다는 것이다.[03]

대규모 생산은 합리적이고 과학적인 운영을 내세워 효율성을 극대화한다. 작은 시골 농민이 집에서 소 한 명, 염소 두 명, 닭 대여섯 명을 키운다고 한다면, 닭은 뒷마당에 풀어 놓고 소와 염소는 풀을 먹이기 위해 동네 뒷산에 매일 나갈 것이다. 키우는 동물의 수가 많아지면 이렇게 할 수가 없다. 더 많은 가축을 사육해서 더 많이 내다파는 것이 목표가 되면 좁은 공간에서 적은 인력이 관리할 수 있는 방법을 찾아야 한다. 자본주의는 매우 파괴적인 방법을 택했다.

물론 인류가 동물을 길들여 가축으로 삼은 역사는 상당히 오래되었다. 인류는 이미 신석기 시대에 야생동물을 가축화하기 시작했다. 하지만 초기 가축은 인간의 건축물 안에 소유물처럼 갇혀 있지 않았고 야생의 무리들과도 어울리고 먹이활동도 스스로 했다. 가축은 인간에게 완전히 의존하지

---

03 조현성, "자동 출하기계 '오토-캐칭Auto-Catching' 도입과 농장의 과제", 월간 『폴트리』, 2013. 03.

않았고, 어느 정도는 자기의 특성에 맞게 지낼 수 있었다. 문화권에 따라서는 인간이 일방적으로 다른 동물을 길들였다기보다는 공생관계를 이룬 경우도 발견되었다. 가축으로서의 동물 생애주기와 삶의 순환이 완전히 붕괴되고 그 종의 특성이 사라지게 된 것은 자본주의가 등장하면서부터다.

자본주의는 자기 자신이나 가족이 사용하기 위해서가 아니라 시장에 내다팔기 위한 목적으로 상품을 생산하는 경제이다. 자본을 갖지 못한 대개의 사람들은 자신의 노동력을 상품처럼 자본가에게 팔아 일을 하고 그 대신 임금을 받는다. 자본주의는 원리상으로는 누구든 자유로운 경쟁을 통해 이윤을 추구할 수 있도록 한다. 기업의 핵심 목표는 최소한의 비용을 들여 최대의 이윤을 뽑아내는 것이다. 이를 위해 자본가는 생산과정에 과학기술을 도입하고 여러 이론들을 적용해 가장 효율적이고 합리적인 공정을 찾아낸다. 가령 옷을 만든다면 이전의 기술자는 자신이 만드는 옷의 도안, 재료의 특성, 일의 순서에 대한 지식이 있었고, 창의력을 발휘하면서 전체 과정을 조율하면서 일을 할 수 있었다. 반면 자본주의의 의류회사 공장에서 노동자는 자동화된 기계에 실타래를 순서대로 꽂아놓는 일이나 컨베이어 벨트 앞에서 기계가 하는 일을 지켜보며 보조하는 일을 단순하게 반복한다. 창의력이나 옷을 만드는 과정에 대한 이해, 패션이나 유행에 대한 민감성은 필요하지 않다. 기계의 속도에 맞춰 빠르고 정확하게 많은 일을 처리하는 능력이 더 중요하다.

이와 유사하게, 자본주의에서 동물은 자기 삶을 살아가는 살아 있는 존재가 아니라 상품이거나 상품의 원료, 또는 그런 것들을 만들어내는 생산수단으로 여겨진다. 최대한의 이윤을 목표로 하는 사업에서 동물이 가진 창의적인 능력이나 의사소통 능력, 감정을 느끼고 표현하는 능력, 자기 거처를 마련하고 다른 동물이나 주변 환경과 상호 작용하는 능력은 오히려 방해가 된다.

생산성을 극대화하기 위해 동물은 완전히 인공적인 환경에 감금되며, 자연스러운 환경과 친족이나 무리에서 분리된다. 최대한 많은 동물을 최소한의 공간에 몰아넣고 철저히 통제할 수 있는 환경에서 동물의 생리적 특성과 다양한 능력들은 완전히 무시당하는 것이다. 더 많은 개체를 생산하기 위해 본래의 신체 리듬이나 생애 주기는 약물을 통해 조작된다. 동물의 자연적 시간은 이윤을 내기에는 너무 느리기 때문이다.

동물산업복합체

앞에서 본 한국의 사례는 전 세계적으로 수십 년 전부터 일어나고 있는 일들의 한 부분일 뿐이다. 한국인에게도 익숙한 여러 초국적 식품기업이나 곡물기업, 바이오테크놀로지 관련 기업과 대학 및 연구기관, 정부 조직은 계열화를 통해 통합되어 있다. 이런 체계는 어떻게 시작되었을까?

데이비드 니버트David Nibert는 공장식 축산의 기원을 설명하기 위해 제국주의 시절로 거슬러 올라간다.[04] 식민지 정복자들은 말을 타고 다니며 원주민들을 학살했고, 그들이 유럽으로 보낸 물품에는 향신료나 커피뿐 아니라 동물의 가죽도 포함되었다. 이런 물건들은 귀족을 위한 것이었다. 니버트에 따르면 영국인 식민주의자들이 아메리카 대륙에서 대규모 목장을 운영하기 시작했고 이것이 미국 건국 이후에도 유지되었다. 19세기 식민주의자들이 대평원에 소와 양을 기르려면 그 땅에 이미 살고 있던 인간과 비인간 선주민들을 몰아내야 했다. 그 과정에서 식민주의자들은 수백만 명의 버펄로를 대량 학살했고 원주민의 땅을 몰수하기 위해 인종차별 이데올로기를 활용했다.

20세기에 들어서면 축산업과 도축업은 국가 경제의 주요한 축이 되었다.[05] 미국의 경제 발전을 이끈 자동차산업은 그보다 먼저 자본을 축적하는 데 핵심이 되었던 축산업의 도축장 시스템을 차용하여 생산 시스템을 구축했다. 현재와 같

---

04 *David Nibert, "Origins and Consequences of the Animal Industrial Complex", The Global Industrial Complex: Complex System of Domination, Lexiton Book, 2011, pp. 197–209.*

05 동물산업에는 축산업뿐 아니라, 의류패션 산업, 바이오테크놀로지 산업, 반려동물산업 등 다양한 분야에 걸쳐 있다. 하지만 축산업과 식품산업의 규모가 가장 크고, 복잡한 네트워크를 가장 잘 보여주므로 이 글에서는 축산업과 식품산업을 위주로 다룬다.

20세기 초반 도축장

현대의 도축장

은 형태의 공장식 축산이 본격화된 것은 1929년 미국의 경제 대공황 이후였다. 농장의 잉여생산물을 줄이기 위해 경작 면적 감소를 유도하는 정책이 역효과를 낳아, 농민들은 좁은 땅에서 생산량을 최대화하기 위해 살충제와 농약, 하이브리드 종자를 사용하기 시작했다. 그 결과 생산량은 전보다 더 늘었고 환경은 파괴되었다. 남아도는 농작물을 해결하기 위한 방법은 바로 옥수수와 콩을 가축에게 먹이는 것이었다. 잉여생산물의 처리가 축산동물의 증가를 불러온 것이었다.

자본주의 안에서의 동물 문제를 살펴보기 위해, 생태주의자이자 페미니스트 학자인 바르바라 노스커Barbara Noske는 '동물산업복합체'라는 개념을 제안했다.[06] 이 개념은 동물을 현재의 방식으로 착취하는 것이 인류 전체의 보편적 필요나 복지를 위한 것이 아니라, 실은 특정한 사람들의 경제적 이익을 위한 것임을 보여준다. 동물산업복합체는 동물을 사용하는 산업이 농업, 테크놀로지, 금융산업, 정부의 정책과 제도가 상호 작용하는 하나의 거대한 복합적 시스템이라는 것을 의미한다. 노스커는 이와 같은 인간 사회의 경제적, 정치적 관계들이 작동하는 한, 동물산업은 단지 윤리적인 문제가 아니라 정치적인 문제라고 주장한다.

노스커에 따르면 동물산업은 기계화, 자동화, 대량생산

---

06   *Barbara Noske, Human and Other Animals: beyond the boundaries of anthropology, Pluto Press, 1989.*

등 자본주의의 생산방식을 그대로 따라간다. 현재 형태의 기업식 농업과 공장식 축산은 시민들의 요구나 공적 필요에 따른 것이 아니라, 원가 절감과 효율적 생산을 위해 정부, 과학연구기관, 기업이 엄청난 예산을 투여한 합작품이라는 것이다. 한국의 사례가 보여주듯이, 초국적 대기업들은 기업식 농업과 축산업을 겸하며, 운수업이나 사료제조업 등 관련 업체를 거느리면서 동물산업과 관련된 전체 생산, 유통, 소비 과정을 통합적으로 관리한다. 작은 농가들은 이 시스템을 받아들여야만 은행 대출을 받아 사업을 시작할 수 있게 된다. 즉은행과 정부 정책이 대기업의 계열화 사업을 지원한다. 농민들은 대기업의 통제와 관리하에 놓이게 된다. 따라서 실제로는 임금노동자처럼 일하게 되지만, 법적으로는 자영업자이기 때문에 노동자로서의 어떤 사회보장도 받지 못하는 상황에 처한다.

사람들은 흔히 수요가 있기 때문에 고기를 많이 생산할수밖에 없다고 생각한다. 그래서 현재의 동물산업 형태를 어쩔 수 없는 것으로 받아들인다. 하지만 앞에서 나열한 상황들은 동물산업에 관여된 이들이 수요를 맞추기 위해서가 아니라 자신의 이윤을 위해 동물상품을 만든다는 것을 보여준다. 다시 말해 많이 팔기 위해 많이 생산하는 것이다. 뿐만아니라 이런 산업은 국가 간 불균형한 관계 속에서 국제적인 빈곤과 열악한 노동조건을 양산하고 있다. 우유의 경우가 그러한 사례다.

대규모 농장과 대량 생산으로 인해, 곡물과 고기의 생산량이 계속 증가하면 동물산업체는 끊임없이 새로운 시장이 필요해진다. 곡물은 축산업 동물의 사료로 판매하고, 남는 고기는 반려동물의 사료로 판매한다. 남는 우유는 치즈를 비롯한 온갖 종류의 유제품으로 판매한다. 이전에는 우유나 버터 없이도 만들 수 있었던 음식들에 유제품이 들어가고, 베이컨과 소시지가 건강식인 것처럼 광고해 유럽인과 미국인의 아침식사를 점령한다. 마리아 미즈Maria Mies에 따르면 남아도는 우유를 유제품으로 소진하기 위해 유럽의 농업 기업들은 인도에 유제품 공장을 만들었다. 인도에 새로운 시장을 개척하기 위한 것이었다. 그러나 인도인 대부분은 우유와 유제품을 소비할 수 없을 정도로 가난했다. 다른 한편 빈곤이 심화되자 인도의 소농가 여성이 소득을 얻을 수 있는 국제 지원 프로그램이 개발된다. 여성에게 돈을 빌려주고 버펄로를 키워 우유를 기업들에 납품하도록 한 것이다. 인도의 여성은 정작 자신은 굶으면서도 버펄로의 우유를 마실 수 없었다. 우유를 납품해서 정상적으로 일을 진행한다는 것을 은행에 보여줘야 했고 빚을 갚으려면 우유를 돈으로 바꿔야 했기 때문이다.[07]

제3세계 농민들은 가난해서 유제품이나 고기를 살 수

---

07 마리아 미즈 지음, 최재인 옮김, 『가부장제와 자본주의: 여성, 자연, 식민지와 세계적 규모의 자본축적』, 갈무리, 2014. *pp 276-304*쪽.

없지만, 과개발국가의 초국적 기업들은 노동력과 땅값이 저렴하고 동물복지 기준이나 환경 규제가 까다롭지 않은 제3세계 국가들에 농장을 세운다. 이들 국가의 생태계는 초국적 기업의 이익을 위해 엄청나게 파괴되고, 수출용인 곡물과 동물성 식품을 생산하느라 정작 자신들이 먹을 식품은 서양 국가들에서 수입해 와야 한다. 동물산업을 주도하는 초국적 기업의 이윤을 위한 전략들은 동물과 농민, 축산업 노동자를 쥐어짜는 것이고, 저개발 국가의 생태계를 파괴하는 결과를 낳는다. 뿐만 아니라 자국에서는 까다로운 동물복지 기준을 준수하며 동물을 사육한 뒤, 원가 절감을 위해 규제가 적은 국가로 동물을 산 채로 운송해 도살하기도 한다. 기업은 여러 방법을 동원해 법망을 피하고 로비를 통해 정치인을 자기편으로 만들면서 동물 착취를 지속하고 있다.

대안을 상상하기

자본주의는 오늘날 동물이 겪는 문제의 유일한 원인은 아니다. 가장 결정적인 원인이라고 단정할 수도 없다. 하지만 자본주의 이전과 이후의 인간과 다른 동물 사이의 관계가 완전히 달라진 것만은 분명하다. 노스커는 노동자가 자본주의 안에서 착취당하고 소외를 겪는 것과 마찬가지로, 동물 역시 자본주의 안에서 착취당하고 소외를 겪는다고 분석한다. 누군가 착취를 당한다는 것은 다른 누군가 그 착취를 통해 이익을 얻는다는 뜻이다. 여러 학자들이 지적하듯이 현재의 동물산업은 대다수 사람들이 고기와 가죽을 요구해서 시작된 것이 아니라 몇몇 자본가들의 이윤 추구 과정에서 시작되었다. 공장식 축산을 비롯한 동물의 착취가 낳은 여러 사회적, 생태적 문제들은 동물과 빈곤한 노동자와 농민이 감당해야 하지만, 산업을 통한 이익은 일부 부자들이 독점한다.

육식 수요가 감소한다고 자연히 공급이 줄지는 않는다. 자본가들은 우유가 팔리지 않으면 잉여를 쏟아 버리면서도 생산량을 줄이지 않는다. 그 대신 유제품을 다양화하고 새로운 시장을 개척한다. 최근 국내에서 채식인구가 계속 증가하고 있지만 도살되는 가축의 수는 줄기는커녕 여전히 증가하고 있다. 남아도는 곡물을 팔기 위해 가축 수를 대폭 늘렸던 자본가들은 남는 콩과 옥수수를 비건용 식재료로 만들어 팔고 있다. 소규모 농가에서 직접 기른 값비싼 유기농 콩을 먹는 게 아니라면, 채식주의자의 돈은 축산업자의 주머니로 흘러 들어간다. 그렇기 때문에 비거니즘 운동은 채식을 개인의 윤리로서 강조하는 것을 넘어, 동물산업과 관련된 계열화된 기업, 정부, 과학연구기관, 미디어 사이의 긴밀한 네트워크를 깨트리는 것 역시 목표로 삼는다.

동물이 해방된 세계가 자본주의적인 세계이기는 어렵다. 자본주의는 살아 있는 몸, 재생산하는 몸을 자원이나 상품의 재료로만 여기기 때문이다. 또한 자본주의는 인간과 인간 외의 동물의 관계를 소비자와 상품의 관계로 고정시킨다. 그러므로 고유의 삶을 살아갈 자율성을 동물에게 반환하려는 노력에는 우리 삶의 방식을 비자본주의적인 것으로 조금씩 전환하는 것 역시 포함할 필요가 있다.

하지만 이렇게 난공불락으로 보이는 구조에 대항하는 것이 가능할까? 결국엔 혼자 열심히 비건을 실천하는 것 외에 할 수 있는 일이 별로 없는 평범한 사람들은 문제 해결에 도움이 안 되는 것일까? 아니, 어차피 변하기 어려운 일이라면 신경 끄는 게 낫지 않을까? 이런 비관주의는 동물해방운동뿐 아니라 사회 변화를 요구하는 여러 영역에서 자주 나타난다. 가령 생태주의자들 중에는 대재앙이나 유행병으로 세계인구가 절대적으로 감소하지 않는 이상 생태위기를 해결할 수 없다고 진지하게 생각하는 사람들이 있다. 이것은 강력한 해결책인 것처럼 보이지만 실은 문제가 발생하는 구체적인 현장에서 대안을 마련해나갈 힘이 없거나, 그런 변화가 너무 더디고 어렵다는 좌절감에 휩싸일 때 떠오르는 비현실적이면서 파괴적인 생각이다.

일상에서 비거니즘을 실천하는 것은 동물의 비참한 죽음을 줄일 뿐 아니라, 주변 사람들에게 비거니즘에 대해 생각해보도록 하는 계기를 마련해준다. 또한 동물 문제에 대해 함께 토론하고 고민할 수 있는 기회를 열어주기도 한다. 그리고 이 실천과 대화들이 '착한 소비'로 끝나는 게 아니라, 동물 문제를 구성하는 사회, 정치, 경제, 문화의 복잡한 구조를 근본적으로 변화시키려는 열망의 출발점이 된다면, 동물산업복합체의 단단한 연결고리들은 거기서부터 헐거워지기 시작할 것이다.

3. 여자인 동물과
동물인 여자

도둑질

애니메이션 〈빨강머리 앤〉에서 내가 좋아하는 한 장면에는 우유가 나온다. 앤은 등굣길에 도시락으로 싸 온 유리병에 담긴 우유를 차갑게 보관하기 위해 시냇물 바위틈에 담가둔다. 앤을 입양한 매튜 아저씨가 아침나절에 짜둔 것이리라. 싱그러운 풀밭, 시원한 나무 그늘, 경쾌하게 흐르는 냇물, 신선하고 뽀얀 우유, 소녀들의 즐거운 점심식사. 농장을 배경으로 한 영화나 애니메이션, 광고에 익숙한 우리가 떠올리는 젖소 농장은 평화롭다. 완만하게 굴곡진 너른 초원에 띄엄띄엄 젖소들이 부드러운 풀을 뜯으면, 송아지가 어슬렁어슬렁 걸어와 젖을 문다. 엄마소는 식사를 마치고 새끼의 몸을 핥아주고 꼬리로 날벌레를 쫓는다. 축사로 돌아온 젖소 옆에 작은 의자를 두고 앉은 농부가 양동이를 대놓고 부드럽게 두 손으로 젖을 짠다.

현실은 전혀 다르다. 대부분의 우유는 장물이다. 엄마소와 송아지를 몇 십 분 만에 떼어놓거나, 송아지가 모유를 먹지 못하게 하려고 뾰족한 도구를 송아지 입에 달아 엄마소가 도망가게 한다. 젖을 먹으려고 송아지가 엄마의 배에 입을 댈 때마다 느껴지는 따끔한 통증 때문에 어미가 제 발로 자식을 멀리하게 되는 것이다. 기계장치를 달아 고름이 나올 때까지 눌러 짠 우유는 이렇게 송아지의 먹을거리를 훔쳐온 것이다.

하지만 우리가 훔쳐온 것은 우유만이 아니다. 닭의 난자인 달걀, 가축이 된 '여자인 동물'들이 낳은 자식들, 자유롭게 짝을 맺고 수태를 하고 출산을 하거나 하지 않을 권리도 빼앗는다.(그래서 에코페미니스트 캐럴 애덤스[Carol Adams]는 달걀과 유제품을 '여성화된 단백질'이라고 부른다.) 집단 사육으로 인한 조류독감이나 돼지독감이 유행하면, 뉴스에서는 사람들의 밥상 물가가 오르고 축산농가가 손해를 보게 됐다고 걱정스럽게 보도한다. 그런데 만일 호르몬제를 맞고 비좁은 우리에서 자궁이 헐어버릴 때까지 출산을 하는 동물의 노동과 수모에 비용을 매긴다면, 인간은 과연 제값을 치를 수 있을까?

고기는 성폭력으로 생산된다

모든 것이 인간 위주로 돌아가는 세계에서 동물이 겪는 고통 중 '성'과 관련된 문제들에 초점을 맞춰보자.

미국의 '바인 동물보호소'의 설명에 따르면, 미국 축산농부들이 '강간틀rape racks'이라고 부르는 것이 있다. 그것은 바로 여자소를 임신시킬 때 여자소를 메어두는 장치다. 여자소를 묶어둬야 한다는 것은 소가 마음에 드는 상대를 골라 짝을 맺는 게 아니라는 뜻이다. 사실 가축에게 행하는 인공수정은 '인간에 의한 강간'이라고 불러도 무방하다. 돼지의 경우 사람이 손으로 질 입구를 벌려 정액을 주입한다. 소의 상황은 더 나쁘다. 축산업자나 인공수정사는 한 손을 여자소의 직장에 넣어 분변을 제거한 뒤 자궁경관의 위치를 찾아내고, 다른 손으로는 남자소의 정액이 든 주입기를 넣어 자궁에 정액을 주입한다. 남자소와 남자돼지는 '고기의 맛'을 위해 일찌감치 거세당한다.

반려동물의 경우라고 더 나은 것은 아니다. 한국의 개 번식장에서는 강제교배와 인공수정이 다반사로 일어난다. 개체수 조절이나 동물의 고통 경감, 인간과 동물의 공존을 목적으로 하는 중성화수술은 상당히 대중화된 제도다. 동물을 위한 것이라고는 해도 중성화수술은 고육지책이기도 하고 논쟁거리이기도 하다. 대개 공존의 방식을 결정하는 쪽은 인간이며 수술을 결정하는 것도 인간이기 때문이다. 개나 고양이가 스스로 자기의 성기관을 절제하거나 성기능을 마비시키는 수술 동의서에 서명을 하는 건 아니지 않는가?

눈치가 빠른 독자라면, 인간 남성과 여성 사이에서 일어나는 성폭력을 곧장 떠올렸을 것이다. 여성들은 직장과 학

레이디 에디슨 광고는 대상화된 여성의 신체와 동물의 모습을 단적으로 보여준다.

교, 가정과 지하철, 집 앞 골목 등에서 언어적 성희롱부터 강간까지 각종 성폭력의 위험에 노출되기 때문이다. 게다가 여성의 옷차림과 귀가 시간, 불친절한 행동거지와 표정도 감시의 대상이 된다. 심지어 언제 누구와 섹스를 할 것인가를 자기 의지대로 자유롭게 결정하는 여성은 부도덕하다고 낙인찍힌다.

동물의 신체가 인간의 소유물이 되어 성욕과 성기관이 인간의 이익과 필요에 따라 훼손되거나 강간을 당하는 것과 마찬가지로, 여성의 신체와 성은 남성의 성욕을 해소하기 위한 도구가 된다. 돼지와 소의 몸이 인간의 선호에 따라 '고기'가 되어 팔리고 부위마다 육질에 따라 등급을 매겨 값을 다르게 부르듯이, 여성의 몸도 남성의 선호를 기준으로 부위별로 품평당한다. 미인대회에서 수영복 심사를 하는 장면이나, 길거리에서 몰래 촬영한 여성의 사진을 놓고 인터넷 커뮤니티에서 가슴과 엉덩이, 다리에 대해 점수를 매기는 댓글들을 떠올려보라. 성매매 집결지에서 붉은 불빛 아래 몸을 드러낸 옷을 입고 서 있는 성매매 종사자를 정육점에 걸려 있는 고깃덩어리에 비유하는 것이 과연 우연일까? 여성의 신체 부위를 두고 "먹음직스럽다"고 하거나, 여성과 섹스를 한 것을 "따먹었다"고 하는 폭력적인 표현이 과연 우연일까?

물론 인간 여성에 대한 성폭력과 동물에 대한 성폭력은 그 목적과 동기가 다르다. 동물에 대한 성폭력은 대개 인간이 성적 만족을 얻기 위한 것이 아니라, 기업의 이익이나 저렴한 육식을 유지하기 위한 것이다. 하지만 피해를 보는 이의 입장에서 보면 어느 경우든 성적 자율성이 침해되는 것은 마찬가지다.

재생산: 의무이거나 박탈되거나

왜 이런 일이 일어날까? '바인 동물 보호소'를 운영하는 활동가이자 이론가인 퀴어에코페미니스트 패트리스 존스pattrice jones는 이성애중심주의, 성차별주의, 종차별주의의 중요한 목적이 재생산을 통제하는 데 있다고 주장한다.[08] 여자인 동물, 여성 인간, 성소수자에게 가해지는 성적 통제와 폭력을 들여다볼 때 드러나는 공통적인 핵심은 바로 재생산에 있다.

인간 여성의 상황을 보자. 2016년 말 한국의 행정자치부는 '대한민국 출산지도'라는 어플리케이션을 만들었다. 이것은 전국 지방자치단체의 출산 통계와 관련 서비스를 한 번에 살펴볼 수 있게 할 목적으로 개발됐다. 여기에는 '가임기 여성 지도'도 포함됐다. 지역별로 가임기 여성이 몇 명 살고 있는지 숫자로 표시하고 등수까지 매겨놓은 지도다. 저출산을 극복할 방안으로, 지역 간 경쟁을 유도해 아이를 많이 낳게 하

08   pattrice jones, "*Eros and the Mechanisms of Eco-Defense*", *Ecofeminism: Feminist Intersections with Other Animals and the Earth*, *Bloomsbury Academic*, 2014, p. 103.

겠다는 것이다. 몇 달 뒤 정부출연 연구기관인 보건사회연구원은 학술 포럼에서 출산율 제고를 위한 방안으로 '고소득·고학력 여성의 하향결혼 유도' '채용 과정에서 불필요한 스펙에 불이익 부여' 등을 제시했다. 여성의 결혼과 출산을 장려하기 위해 여성들의 경제·사회활동 감소를 유도해야 한다는 것이다. 이는 가임기 여성이라면 누구나 당연히 아이를 낳아야 한다는 사회적 편견을 내포한다. 여성의 사회활동이나 자아실현보다 임신과 출산이 더 중요한 가치나 의무로 여겨지는 것이다.

일상에서도 출산을 원치 않는 여성들은 가족, 이웃, 지인, 직장 상사, 심지어 택시기사한테서도 비난당하기 일쑤다. 나의 경력, 학업, 성취와 자유, 경제적 여유, 행복을 아직 존재하지도 않는 '아이'보다 선호한다는 것만으로, 여성은 이기적이라거나 비정상이라거나 인생의 참맛을 모르는 철없는 사람이 된다. 반면 출산을 한 여성은 직장을 잃는 등, 원치 않게 삶의 계획과 방식 전체를 바꿔야 할 때가 있다. 또 '맘충'이라는 비난도 견뎌야 한다. 나는 한 대학 교수가 결혼 후 출산을 한 박사과정 여학생에 대해 "애 엄마가 무슨 공부를 한다고!"라는 말을 했다는 얘기도 들었다. 여성에게 출산과 양육은 의무로 주어지지만, 그와 동시에 개인으로서의 자유와 권리를 잃기 쉽고, 양육의 기쁨도 별로 보장되지 않는다.

여자인 비인간 동물들도 마찬가지다. 인간은 오랫동안 여자인 동물들의 모성에 대한 권리와 자손과의 관계를 박탈해왔다. 공장식 축산농장이나 반려동물 번식장의 동물들은 대부분 극단적으로 출산을 강요당하는 한편 모성에 대한 권리를 완전히 빼앗긴다. 배란이 가능하고 자궁이 버틸 때까지 임신과 출산을 강제당하는 여자인 동물은 말 그대로 출산기계로 전락한다. 이것은 비유도 수사도 아니다. 여자인 소, 돼지, 닭, 개는 호르몬 주사를 맞고서 언제나 임신 상태에 있거나, 자식을 빼앗기고 젖을 도둑맞는다.

에코페미니스트 반다나 시바Vandana Shiva는 이렇게 말한다. "재생력의 원천으로서 씨앗과 여성의 육체는 자본주의적 가부장제의 관점에서 보면 지구상에 남아 있는 최후의 식민지다."[09] 인간은 지구 공간의 대부분을 차지하고 가능한 모든 것을 상품화하며 어디든지 시장으로 만들어버린다. 이제 남아 있는 마지막 자원은 바로 생명체의 재생산 능력 자체라는 것이다. 재생산 능력은 공장이나 실험실에서 만들어낼 수는 없지만, 필요에 따라 제거할 수는 있으며, 재생산의 원료와 생산물을 채취하고 조작하고 전용할 수는 있다.

식물의 재생산 능력은 제거되고, 여자인 동물의 재생산 능력은 완전히 고갈될 때까지 착취당한다. 인간 여성의 경우 인구 정책, 보수 종교, 남아선호사상 등에 따라 때로는 아이를 많이 낳는 것이 의무가 되었다가 때로는 적게 낳는 것이

---

09 반다나 시바 저, 한재각 역, 『자연과 지식의 약탈자들』, 2장 "인간이 생명을 만들고 소유할 수 있는가: 생물 다양성에 대한 재정의", 당대, 2000.

의무가 되기도 한다. 재생산의 결과물인 식물과 어린 동물들은 상품의 형태로 인간의 소유물이 된다. 인간의 아이는 어머니가 아니라 아버지의 계보에 등록된다. 열 달 동안 힘겨운 임신 상태와 극한의 고통을 주는 분만 과정을 감당하고, 이후 20여 년간의 양육도 어머니가 주로 담당해야 하는데도 말이다.

의무가 아닌 권리로

언뜻 별개로 보이는 문제들이 한데 맞물려 있다. 이들의 공통점은 크게 두 가지다. 첫째, 종의 다음 세대를 발생시키는 능력, 즉 재생산 능력을 엉뚱한 사람들이 통제하고 관리하며 소유한다. 여성을 남성 집안의 가족구성원으로 포함시키고 아이에게 아버지의 성을 물려주는 것은 여성에 대한 남성의 지배를 지속시키는 방법 중 하나다. 여자인 동물이 자손을 많이 낳아야만 인간은 계속해서 동물을 싼값에 식재료로 쓸 수 있다. 둘째로 성욕과 섹스의 유일무이하고 본질적인 목적이 번식에 있다고 가정한다. 이것은 성폭력을 본능에 따른 어쩔 수 없는 것으로 정당화하며, 강제적인 가축 번식에 면죄부를 준다.

페미니스트 철학자 뤼스 이리가레Luce Irigaray는 가부장제 안에서, 남성이 아이라는 생산물을 소유하기 위해서 여성은 노동자이자 기계가 된다고 주장한다. 남성중심주의에서 여성에게 출산은 권리라기보다는 의무에 가깝다는 것이다. 동물과 식물에게도 비슷하게 말할 수 있지 않을까? 인간중심주의에서 동물과 식물에게 재생산이란 생명의 활동이라기보다는 그들을 죽음과 사물화로 이끄는 과정으로, 그 결과 동물과 식물은 상품의 원료가 되고 있다고 말이다.

생명체가 기계나 사물과 다른 점은 무엇보다 자기 스스로를 생산하며 또한 자기가 아닌 것을 생산한다는 것이다. 기계는 그것을 만든 사람이 에너지를 넣어주고 작동 버튼을 누르지 않으면 움직일 수 없다. 스스로 고장을 수리하거나 자기를 닮은 기계를 낳지 않는다. 그래서 생물학자 움베르토 마투라나Humberto Maturana와 프란시스코 바렐라Francisco Varela, 린 마굴리스Lynn Margulis와 도리언 세이건Dorion Sagan은 살아 있는 생명체를 '자기생산 체계'라고 부른다. 그렇게 보면 동물을 자기생산(자기치유와 적절한 신진대사)이 불가능할 정도로 고약한 환경에 가두거나, 재생산이 재앙이 될 때까지 출산하도록 하고, 심지어는 유전자 조작으로 재생산 능력 자체를 갖지 못하게 원천 봉쇄할 때, 인간은 생명체의 핵심적인 것들을 동식물에게서 빼앗고 있다고 할 수 있을 것이다. 인간 외의 동물과 식물, 그리고 여성의 몸을 자기생산적인 유기체가 아니라 기계로, 이익을 내기 위한 생산수단으로 취급하기를 멈춰야 하지 않을까?

4. 다른 듯 닮은 얼굴:
동물혐오와 소수자혐오

동물 동성 커플이라고?

네덜란드 베이크서 베르헌 사파리공원에서는 동성애를 주제로 프로그램을 만들었다. 동성끼리 짝을 이룬 동물들을 관람할 수 있도록 한 것이다. 이스라엘의 한 동물원에서는 정반대의 일이 있었다. 성경에 등장하는 동물만 모아둔 이 동물원에서 동성 커플이 발견되자, 성직자들은 주민들의 관람을 금지하려고 했던 것이다.[10]

해외 토픽에서 간혹 동물 간 동성애가 소개되면 사람들은 대개 깜짝 놀란다. 하지만 정작 동물의 세계에서는 놀랄

---

10 이 글에 소개된 동물 관련 사례들은 다음 문헌들을 참조했다. 미하엘 미어슈 지음, 조정수 옮김 『동물들의 기이한 성생활』, 성우, 2008.; 프란스 드 발 지음, 이충호 옮김, 『동물의 생각에 관한 생각』, 세종서적, 2017.; 린 마굴리스·도리언 세이건 지음, 홍욱희 옮김, 『섹스란 무엇인가』, 지호, 1999.; pattrice jones, "Eros and the Mechanisms of Eco-Defense", Carol J. Adams, *Ecofeminism: Feminist Intersections with Other Animals and the Earth*, Bloomsbury Academic, 2014.

일도 아니다. 사실 생물학자들은 오래전부터 자연세계에서 동성애가 자주 발견된다는 것을 알고 있었다. 지금까지 인간에게 비교적 친근한 포유류와 조류에서만 적게는 300여 종, 많게는 450여 종에서 동성애 행동이나 생활방식이 발견되었다. 유전적으로 인간과 가장 가깝다고 하는 보노보 침팬지는 공동체의 화합을 위해서, 갈등이나 공격성이 높아지면 분위기를 쇄신하기 위해 공동체 성원들과 섹스를 한다. 이때, 관계 맺는 상대의 성별은 무관하다.

우리 눈에 잘 보이지 않는 생물종까지 포함하면 인간이 상상하기 어려운 다종다양한 방식의 성적 관계들이 나타난다. 흰동가리나 양놀래기처럼 실제로 생물학적 성을 전환하는 수중동물은 400여 종에 이른다. 하지만 대체로 생물학자들은 이런 사실을 인정하거나 대중에게 알리고 싶지 않았던 것 같다. 한 조류학자는 공원에 지어둔 둥지를 살피러 갔다가, 동성 커플이 부부 행세를 하며 자손까지 돌보고 있는 걸 발견하고 너무 화가 난 나머지 새들을 쫓아내고 손수 지은 둥지를 부숴버렸다고 한다.

이스라엘 동물원 사례에 등장하는 랍비나 둥지를 부순 조류학자는 아마 인간 외의 동물의 동성애뿐 아니라, 인간의 동성애도 탐탁찮게 생각할 것이다. 그들이 화가 나고 당황한 것은 인간의 동성애가 일탈이나 비정상적인 일이 아님을 동성애자 동물들이 보여주기 때문이었을 것이다. 또는 인간의 동성애에 대한 혐오를 동물에게도 투사한 탓일지도 모른다.

이는 동물에 관한 지식이 단지 생물학적인 사실을 축적하는 데서 끝나지 않음을 보여준다. 생물학적 사실들을 서로 연관짓고 의미를 부여하며 해석하는 방식은 과학적 사실을 넘는 가치의 문제가 된다. 예를 들어 엄마로 보이는 동물이 열악한 상황에서도 끝까지 자식을 지키려고 애쓰면 사람들은 '어미의 희생'과 '모성의 아름다움'을 찬양하고, 어린 동물을 유기하거나 일부러 죽이는 것을 보면 '잔혹한 야생' '무자비한 어미'와 같은 표현을 쓴다. 즉 우리는 선과 악, 아름다움과 추함, 가치 있는 것과 없는 것, 정상과 비정상 등과 관련된 인간의 이해를 반영해 동물의 행동을 평가하곤 한다.

인간의 우월성을 보장하기 위한 동물혐오

위와 반대로 동물에 대해 인간이 느끼는 감정이나 가치판단이 인간과 사회의 특정한 대상이나 현상을 평가하는 기준이 되기도 한다. 특히 동물에 대한 혐오는 사회적·문화적 차원에서 두 가지 기능을 한다. 하나는 동물과 인간을 구별해서 인간의 우월성을 확보하는 것이다. 자연과 동물이 가진 특성은 아름다움이나 강인한 생명력으로 묘사되기도 하지만, 더럽고 징그러우며 문란하고 무질서한 것으로 표현되기도 한다. 끈적끈적한 체액, 흙투성이 몸뚱이, 몸에 달라붙는 먼지나 알레르기를 유발하는 꽃가루, 썩어 문드러진 열매나 동물의 사체, 퀴퀴하고 구린 냄새가 나는 구덩이에 몰려든 날벌레들, 아무 데서나 성기를 드러내고 성욕을 과시하는 동물들, 삶의 계획도 없고 예술이나 정치처럼 고차원적인 즐거움이나 기술도 없이 종일 먹을 것이나 찾아다니는 하찮은 동물들……. 인간은 자신의 동물성을 최대한 걷어내어 이런 것과 거리를 두는 것이 더 발전한 문명이라고 생각해왔다.

동물을 비롯한 자연세계를 열등하다고 보고 멸시하고 혐오하는 동물혐오는 인간이 인간다움이나 인간성의 특징을 규정하는 중요한 방식 중 하나다. 인간이 가진 특징을 직접 설명하는 대신 다른 동물과 다른 점, 다른 동물보다 나은 점에 초점을 맞추는 것이다. "인간은 이성능력이 있다는 점에서 동물과 달라" "인간은 욕구를 절제하고 윤리를 안다는 점에서 동물보다 낫지" 하는 식이다. 다시 말해 인간은 자신이 이해한 동물성을 비하하고 인간에게는 그런 열등한 동물성이 없거나 최소한 동물성을 극복하고 초월하는 힘이 있다고 주장함으로써 인간의 우월함을 증명하려 한다.

게다가 이런 사고방식에서는 동물이 실제로 어떠하냐는 중요하지 않다. 인간이 떠올리는 돼지는 축사에서 똥오줌을 몸에 묻히고 하루 종일 한자리에서 먹기만 하는 모습이다. 깨끗한 물과 거처를 찾아 먼 거리를 돌아다니고, 체온을 조절하고 질병을 예방하기 위해 진흙 목욕을 즐기는 돼지의 모습을 우리는 잘 모른다. 우리는 동물을 비참한 상황에 몰아놓고서, 그때의 모습이 동물의 진짜 모습이라고 여기고 멸시하며 우월감을 느끼는 데 익숙하다.

사람들 사이의 차별의 근거가 되는 동물혐오

동물혐오는 또한 사람 사이의 차별을 정당화하는 데도 이용된다. 차별을 받는 소수자 집단에는 여성, 장애인, 성소수자, 비주류 인종, 아동·청소년 등이 있다. 동물과 자연에 대한 혐오와 멸시는 두 가지 방식에서 이들 소수자 집단 또는 사회적 약자 집단에 대한 차별의 근거가 된다.

그 첫 번째 방식은 한 집단의 속성을 동물성과 연결하는 것이다. 가령 동성애자는 늘 성적인 욕망에 사로잡혀 있다는 편견은 '발정 난 동물'에 대한 조롱과 연결된다. 그래서 동성애자는 존재 자체가 성과 관련된 도덕감을 상실한 비윤리적인 사람들이며 동물의 수준으로 타락한 사람들이라고 비난당한다. 이런 비난이 성립되는 것은 동물이 인간보다 비천하다고 우리 대부분이 믿고 있기 때문이다.

아동·청소년이 미성숙하고 판단력이 흐리다는 생각은 이들을 물정 모르고 까부는 어린 동물들과 연결시킨다. 어린 동물은 귀엽지만 누군가를 귀여워하는 마음은 때로 상대의 자율성을 존중하기보다는 통제하려는 마음으로 이어진다. 귀여움은 보살핌이 필요한 취약함을 의미하기도 하고, 판단력 부족이나 어리숙함을 의미하기도 한다. 공공장소에서 악을 쓰며 울고 뛰어다니다 사고를 치는 아이의 이미지, 우르르 몰려다니며 시끄럽게 굴고 아무데나 쓰레기를 버리고 욕지거리를 해대며 무모하게 구는 청소년의 이미지는 우리가 다른 동물들에 대해 떠올리는 이미지들과 상당히 일치한다. 그들은 모두 합리성과 언어 능력이 부족하고, 규범을 몰라 무질서하며, 앞날에 대한 계획이 없고, 자신의 충동을 억제하지 못하기 때문에 누군가 대신해서 규칙을 마련해주고, 길들여 통제해야 하는 대상으로 여겨진다.

백인들이 식민지를 건설할 때 주요한 명분은 식민지의 원주민들이 아직 계몽되지 않은 미개인들이라는 것이었다. 원주민들이 종교 의례 등에서 동물 상징을 사용하고 동물의 몸짓을 흉내내는 춤을 추는 것이 백인 귀족이나 부유층의 눈에는 미개해 보였다. 서양의 문화와는 다른 생활습관이나 도구, 공동체의 체계와 윤리규범 등은 다양성이나 차이가 아니라 아직 문명화되지 못한 자연 상태나 야만으로 여겨졌다. 지금도 많은 사람들이 아프리카계 인종(흑인)이 머리가 나쁘고 육체적 능력이 뛰어나며 폭력적이라는 편견을 갖고 있다. 이런 편견은 주로 감각이나 본능처럼 육체적이고 동물적인 특성과 관련 있으며 차별의 근거가 된다.

정상과 비정상의 기준은 자연?

동물이나 자연을 이용해 소수자나 사회적 약자 집단을 차별하는 논리의 두 번째 방식은 '자연스러움'과 '정상성'이다. 자연적인 것을 좋고 나쁨, 옳고 그름을 판단하는 기준으로 삼는 것이다. 이럴 때 자연이나 동물은 사람들 사이에서 지키고 따라야 할 규범과 법칙, 문화적 관습의 필요성과 정당함을 설득하는 수단이 된다.

예를 들어 장애인의 신체는 건강한 신체의 기준에서 벗어난 '비정상'이나 '부족함'으로 여겨진다. 그래서 도로나 교통수단, 건축물과 공공 설비 등은 정상이라고 간주된 비장애인의 신체를 중심으로 마련되어 있다. 이 때문에 장애인은 식당이나 화장실처럼 의식주의 필수적인 시설을 이용하는 데도 늘 큰 어려움을 겪는다. 나아가 이동할 권리가 박탈되면서, 교육의 권리, 실질적인 참정권, 의료서비스를 받을 권리, 노동할 권리 등이 함께 박탈된다. 또한 장애인은 비장애인보다 능력이 떨어진다는 편견 때문에 노동시장과 공적 영역에서 배제된다. 장애인이 '인간의 도리'를 다할 수 없다는 생각의 이면에는 '인간보다 못한' 동물이나 자연에 대한 멸시가 숨겨져 있다. 이러한 멸시는 동정이나 부적절한 배려(당사자의 의사를 묻지 않고 도와주기, 장애인을 어린아이처럼 다루기)로 나타나기도 한다.

성소수자의 경우는 어떨까? 동물이나 자연과 관련해 성

소수자 혐오는 크게 "짐승 같은 놈들!" 그리고 "자연스럽지 않아. 비정상이야!"라는 두 방식으로 나타난다. "짐승 같은 놈들!"이라는 첫 번째 혐오표현에는 인간이 동물보다 우월하다는 생각이 깔려 있다. 이 종차별주의는 성소수자가 성적으로 문란하고 방종하다는 편견과 연결되어, 성적 방종은 열등한 동물들이나 하는 짓이라는 주장으로 귀결된다. 여기서 성소수자는 인간답지 못하다는 점에서 비정상이 된다. 그럼 "자연스럽지 않아"라고 말하면서, 성소수자가 자연의 섭리에 어긋나는 행동을 한다고 비난하는 사람은 어떨까? 이들은 생물이라면 응당 이성애자일 것이라고 전제하고, 그것이 순리이자 정상이라고 간주한다. 즉 자연의 특정한 모습을 보편적이고 정상적인 원리라고 착각해서, 그 원리를 따르지 않으면 비정상이라고 보는 것이다.

자연과 동물을 이용한 성소수자 비난은 시사하는 바가 크다. 사람들은 자신의 혐오감이나 차별적 생각을 정당화하기 위해 자연과 동물에 대한 모순적인 관점을 되는 대로 섞어서 사용한다. 동성애를 동물적이라고 비난하는 사람들은 자연이 문화보다 열등하다고 본다. 이 관점에서는 문명화된 인간이라면 인간의 윤리규범에 따라 동성애를 배척해야 한다. 반대로 동성애가 자연스럽지 못하다고 비난하는 사람들은 우리가 따르고 복종해야 하는 규범과 원리가 자연에 있다고 생각한다. 이 자연관은 자연의 순리대로 살지 않는 인간을 죄인으로 만든다. 두 자연관은 상충하지만 사람들은 자연과 동물에 대한 얇은 지식과 오해를 보편적이고 객관적인 앎이라고 단정하고, 성소수자 혐오를 정당화하는 데 두 관점 모두를 사용한다.

자연과 문화의 생명력: 다양성

인간은 지금까지 약 200만 생물종을 발견했고 과학자들은 이보다 몇 배가 지구상에 존재할 거라고 추정한다. 동물의 삶의 방식과 자연의 세계는 너무나 다양하고 놀라우리만큼 창의적이어서 인간의 상상력이 감히 따라잡을 수 없을 정도다. 물론 자연의 특정한 모습을 이용해 인간의 우월함이나 인간 사이의 차별을 정당화하는 것이 부당하듯이, 어떤 동물들의 생활사를 그대로 인간에 대입하여 인간을 이해하는 것도 부당하다. 예를 들어 양놀래기가 남자에서 여자로 성전환을 한다고 해서 인간도 그래야 한다고 생각하거나, 몇몇 동물종에서 양육이 여자의 몫이라고 해서 인간 역시 여성이 육아를 전담해야 한다고 주장할 수 없다. 그것은 인간이 우월해서가 아니라, 서로 다른 종이기 때문이다. 따라서 동물과 자연 속 구체적인 삶의 형태가 직접 우리에게 윤리적 규범이나 좋은 사회의 모델이 되는 것은 아니다. 여러 동물의 다채로운 생활상에서 우리가 배울 수 있는 것은, 생명체가 그 생명력을 유지하는 데는 다양성이 필수 조건이라는 점이다.

물리학자이자 에코페미니스트인 반다나 시바는 자연과 문화 모두 살아 있는 시스템이라고 주장하면서, 살아 있는 시스템의 특징 네 가지를 제시한다. 스스로 조직하는 자율성, 구조의 복잡성, 다양성, 자기치유와 복구 능력이 그것이다.[11] 시바에 따르면 네 가지 특징 중 자율성과 다양성은 가장 기초적인 것이며, 살아 있는 시스템에 더 많은 자유가 허용될수록 자기조직화 능력 또한 더 잘 발휘된다. 쉽게 말해 인간을 비롯한 생명종들, 그들이 이루는 생태공동체와 문화 공동체는 모두 나름의 방식으로 잘 살아가기 위해서 무엇보다도 다양성이 더 존중되어야 한다는 것이다.

우리 사회는 다양성을 존중하는 방향으로 힘겹게 나아가고 있지만, 여전히 '차이'를 '열등함'으로 받아들이곤 한다. 장애인이나 성소수자를 정상과 비정상이라는 틀에 집어넣을 때도 다양성이 삭제된다. 인간이 동물 중에 가장 우월하다고 할 때도, 어떤 인종은 야만적이고 동물적이라는 편견을 가질 때도 마찬가지다. 당신이 멋지게 가꾼 정원이나 정말 좋아하는 산책로에 위치한 큰 나무의 다정한 커플로 보이는 새들이 모두 남자이거나 여자일 때, 그들을 쫓아내고 집을 부수는 것은 다양성을 해친다. 그리고 다양성을 부인하는 것은 자연과 문화 모두에서 그 생명력의 토대를 침식한다. 우리는 둥지

---

11 반다나 시바 저, 한재각 역, 『자연과 지식의 약탈자들』, 2장 "인간이 생명을 만들고 소유할 수 있는가: 생물 다양성에 대한 재정의", 당대, 2000.

를 부술 수도 있지만, 대신 처음 만난 새 커플 덕분에 내 견고한 편견에 금이 가면서 새로운 앎을 얻게 되는 데에 기쁨을 느끼고 생명의 다채로움에 경이로워할 수도 있다. 우리 자신의 생명력에는 두 번째 방식이 더 도움되지 않을까?

5. 윤리적인 육식은 가능할까1 : 동물의 권리

할머니와 '고기'

나의 외할머니는 돌아가시기 몇 해 전까지 고기를 드시지 않았다. 나는 여러 이유가 있다고 생각한다. 가난 속에서 많은 자녀를 양육할 때 대개 어머니들은 고기를 다른 식구에게 양보하는데, 할머니 역시 그랬을 것이다. 하지만 더 중요한 이유는 할머니가 '백정'의 딸이었다는 점이다. 외증조부는 지금으로 치면 정육점에서 일했는데, 당시로서는 천민 취급을 받았다. 할머니는 어릴 적에 백정의 딸이라는 이유로 괄시당했다. 나는 그 괴롭힘이 할머니가 육식을 거부하게 된 심리적 원인이라고 생각한다. 할머니는 노년에 오랫동안 치매로 고생했다. 할머니의 치매 증상 중 하나는 고기를 맛있게 먹기 시작한 것이었다.

나는 육식의 폐해와 문제점을 잘 알고 있었지만, 고백컨대 할머니가 고기를 먹는 것이 좋았다. 삶 전체가 고난의 연속이었고, 풍족한 생활을 영위하지 못한 할머니가 질병 속에서 생의 마지막 몇 해 동안 누릴 수 있는 작은 행복이었기 때문이다. 당신이 철저한 채식주의자고 할머니를 사랑하고 있고 애틋한 관계라고 가정해보자. 이런 사연을 가진 할머니가 고기 요리를 원한다면, 당신은 고기 요리를 대접할 것인가?

이 질문에 대한 답은 하나일 수 없을 것이다. 만일 이 질문에서 일부 가정을 삭제하거나, 다른 내용을 집어넣는다면 완전히 다른 답이 나올 수도 있다. 질문을 바꿔보자.

❖ '당신이 철저한 채식주의자고 할머니에게 어린 시절 학대를 당해 오랫동안 의절하고 지냈다고 가정해보자. 백억 자산을 가졌지만 치매에 걸린 할머니가 고기 요리를 원한다면, 당신은 고기를 대접할 것인가?'

❖ '당신이 철저한 채식주의자고 할머니와는 데면데면한 관계라고 가정해보자. 평생 고기를 즐겨왔지만 시한부 판정을 받은 할머니가 고기 요리를 원한다면, 당신은 고기를 대접할 것인가?'

❖ '당신이 철저한 채식주의자고 할머니와는 서로 사랑하는 관계라고 가정해보자. 평생 고기를 즐겨왔지만 시한부 판정을 받은 할머니가 고기 요리를 원한다면, 당신은 고기를 대접할 것인가?'

이 질문들에서 밑줄 친 부분을 삭제하면 우리가 어떤

행위를 할 것인지를 결정하는 상황의 구체성이 사라지게 된다. '고기를 대접한다'는 행위와 관련된 사람들의 관계, 그들이 놓인 상황과 맥락, 행위가 이 사람들에게 미칠 영향을 삭제하는 것이다. 이렇게 구체성이 삭제된 질문은 역시 구체성이 삭제된 답변만을 이끌어낸다. 내가 채식주의자라는 사실과 할머니가 고기를 먹고 싶어한다는 사실만 남겨놓을 때, 사람들은 대부분 일관성 있는 행동을 하기 위해 고기 요리를 대접하지 않는 쪽을 선택할 것이다. 하지만 밑줄 친 부분들을 고려하기 시작하면 사람들은 복잡한 판단을 한다. 윤리적 일관성보다 더 중요한 가치들도 있기 때문이다. 대개 일상생활에서 우리가 어떤 행위를 할지 결정할 때 우리는 삶의 구체성 속에 놓여 있다. 하지만 우리는 또한 추상적으로 사고하는 데에 익숙하다. 일상생활에서는 밑줄 부분을 골몰하지만, 이 문제가 윤리이론이나 토론의 주제가 되면 밑줄 부분을 지워버리곤 한다. 육식을 할지 말지를 결정하는 것 역시 마찬가지다.

동물의 고통과 권리에 바탕을 둔 윤리

많은 사람들이 무엇을 먹느냐는 취향의 문제라고 생각하기 쉽다. 하지만 이 책에서 여러 방식으로 다루고 있는 것처럼, 육식은 문화적, 정치적, 경제적, 심리적 문제다. 또한 세계관과 사회구조와 깊이 관련되어 있는 권력관계와 윤리의 문제이기도 하다. 그렇다면 육식이 윤리적인지 아닌지, 육식을 할지 말지 결정할 때 우리가 원칙으로 삼을 수 있는 것은 무엇일까?

철학자 피터 싱어^{Peter Singer}가 1975년 출간한 『동물해방』은 동물에 대한 윤리적 대우에 관한 관심을 크게 높였다. 그의 동물해방론은 '공리주의 윤리학'에 입각해 있다. 공리주의란 간단히 말해 "공공의 이익을 증진시키는 행위가 옳은 행위"라고 보는 윤리적 입장이다. 여기서 이익은 물질적인 것과 정신적인 것, 양적인 것과 질적인 것 모두를 아우른다. 공리주의에 따르면 인간은 고통을 피하고 즐거움을 향유한다. 쾌와 불쾌를 경험하는 존재는 곧 이익을 추구하는 존재다. 공리주의자는 바로 여기에서 윤리적 행위의 근거를 찾는다. 다시 말해 우리는 행복과 이익 증진을 위해 윤리적으로 살아야 한다. 하지만 행복과 쾌락, 이익은 개인의 문제로 한정되지 않는다. 즉 나의 이익만이 아니라 공공의 이익을 증진시켜야 하는 것이다. 예를 들어 고기를 먹는 것은 나 개인에게는 행복을 주더라도, 공익의 차원에서 보면 비윤리적이다. 육식으로 인해 동물의 고통이 발생하고, 환경이 파괴되어 사회와 생태계 전체의 위험이 증가하기 때문이다. 즉 육식이 주는 이익보다는 불이익이 크다고 할 수 있다. 그렇다면 육식은 비윤리적인 행위가 된다.

싱어는 동물 역시 고통을 느끼는 존재이므로 그들의 이

익을 동등하게 고려해야 한다고 주장한다. 이는 동물 전체를 모든 면에서 동등하게 대우해야 한다는 뜻이 아니다. 가령 개에게도 투표권을 줘야 한다거나, 고양이가 쥐를 죽이면 체포해야 한다는 의미가 아니다. 인간이 어떤 결정을 할 때 다른 사람들이 피해를 보지 않도록 고려하는 것과 마찬가지로, 동물과 관련된 결정을 할 때는 동물이 고통을 받지 않도록 고려해야 한다는 것이다. 비인간 동물 역시 쾌고감수성(쾌·불쾌, 즐거움과 고통을 느끼는 능력)을 가지고 자신의 이익을 추구하는 존재이기 때문이다.

싱어는 동물에 대한 사랑이나 연민이 아니라 합리적인 이론 영역에서 동물의 권리를 옹호하는 방법을 제시했다. 무엇보다 쾌고감수성을 생명 윤리의 근간으로 삼는 것은 엄청난 진전이다. 사람들은 대개 동물이 인간보다 지적 능력이 부족하기 때문에 인간의 지배를 받아야 마땅하다고 생각해왔다. 동물이 이성, 언어 사용 능력, 문화와 예술의 창조 등에서 인간보다 월등히 뒤처진다는 생각이 동물 학대와 착취를 정당화했다. 반면 싱어는 우리가 타인이나 다른 동물을 윤리적으로 대해야 하는 이유를 지적 능력이 아니라 고통을 느낄 수 있는 능력에서 찾는다. 이로써 싱어는 인간중심주의에서 상당히 벗어나 인간과 동물 모두를 윤리적 대상으로 포함할 수 있는 규범을 세울 수 있었다.

이런 관점에서 보면 육식은 과연 윤리적일 수 있을까? 할머니에게 고기 요리를 대접하는 것은 괜찮을까? 여러 대답이 가능하다. 먼저 할머니를 위해 복지농장에서 나온 고기를 구입해서 요리하면 된다고 대답할 수 있다. 동물이 안전과 건강을 보장받을 수 있는 환경을 제공하고 고통 없이 죽을 수 있는 도축 방법을 사용하여 고기를 얻을 수 있기 때문이다. 즉 육식 자체는 계속하되 동물이 고통스럽지 않은 환경을 제공하는 것이다. 이런 입장을 '동물복지론'이라 한다. 많은 국가에서 동물복지의 기준을 세워 지키도록 하거나, 공장식 축산농장을 복지농장으로 전환하는 시도가 꾸준히 계속되고 있다.[12]

반면 동물복지론이 주장하는 '인도적 도살'이라는 말 자체가 형용모순이라는 주장도 있다. 동물을 자기 의지대로 살지 못하도록 인간이 소유하고서 인간의 이익을 위해 죽이는

12 사실 공장식 축산농장 전체를 복지농장이나 유기축산으로 전환하는 것은 유망한 방법이 아니다. 복지농장은 훨씬 넓은 땅을 사용한다. 소와 돼지에게 곡물 사료가 아니라 신선한 채소를 계속 공급하려면 그만큼 많은 농지가 필요하고 비용도 급격하게 증가한다. 현재 전 세계 인구가 소비하는 고기의 양을 절대적으로 줄이지 않고서 복지농장이나 유기축산을 운영하려면 지구상 대부분의 땅을 축산농장으로 사용해야 한다.

13 싱어와 리건의 책은 고전이기는 하지만 이후 수십 년 동안 동물권과 관련된 논의는 더 복잡하게 진행되어왔다. 하지만 이 글에서는 이를 소개하지는 않는다. 이 글은 기존에 많이 소개되어 있는 동물권 이론들을 설명하려는 것이 아니다. 그보다는 잘 알려져 있지 않은 페미니스트 관점을 소개함으로써 기존의 동물권 이론과 운동이 새롭게 고찰해봤으면 하는 문제들을 제안하고자 한다. 따라서 동물복지 주장과 동물권리 주장의 차이나 논쟁, 최근의 경향 등을 살펴보려면 다른 책들을 참고하기 바란다. 마크 베코프 지음, 윤성호 옮김, 『동물권리선언』, 미래의 창, 2011.; 김진석 지음, 『동물의 권리와 복지』, 건국대학교출판부, 2005.; 피터 싱어 외 2인 지음, 유정민 옮김, 『동물의 권리』, 이숲, 2014.

것은 신체적 고통을 유발하지 않더라도 동물의 이익을 고려하지 않는 것이기 때문이다.

톰 리건Tom Regan의 '동물권리론'은 이런 의견 충돌을 해소할 수 있다.[13] 우리는 인간이라면 누구나 생명, 자유, 재산에 대한 권리를 타고난다고 배운다. 이를 '자연권'이라고 부르는데, 이 권리는 모두가 동등하게 갖는 것이며 타인에게 양도하거나 타인으로부터 침해당할 수 없다. 리건은 인간만이 아니라 동물에게도 이러한 자연권이 존재한다고 주장한다. 동물은 고유의 본래적 가치를 갖는 존재로서 자연권을 지닌다. 그렇다면 동물 역시 생명과 자유에 대한 권리를 침해당하지 않아야 한다. 이렇게 보면 인간에게는 어떤 식으로든 동물을 마음대로 소유하거나 처분할 권리가 없다. 물론 육식도 윤리적으로 옳지 못한 행위가 된다. 가축에게 좋은 환경을 제공하고 고통 없이 도축한다고 하더라도, 동물의 삶 전체를 인간의 통제하에 두는 것 자체가 동물의 자연권을 침해하는 것이다. 이에 따르면 나는 할머니에게 절대로 고기를 대접해서는 안 된다.

하지만 리건의 이론에도 결함은 있다. 리건이 말하는 동물의 '본래적 가치'는 동물이 주관적 의식을 갖고 어느 정도는 자기 삶을 계획하고 실행하는 능력이 있다는 것을 전제한다. 그런데 이 전제는 침팬지나 고래처럼(더 넓게는 개, 고양이, 돼지, 코끼리 등) 지능이 높은 동물에게만 해당된다. 이런 기준을 적용하면 소수의 동물을 제외한 나머지 동물들은 윤리적 고려 대상에서 배제하게 된다. 더군다나 '윤리적 고려 대상인 동물'과 아닌 동물을 나눌 때 사용하는 주관적 의식이라는 기준은 다분히 인간중심적이다. 인간이 다른 종보다 자신이 우월하다고 여길 때, 그 우월함의 근거로 내세우는 정신적 능력을 기준으로 윤리적으로 대우해야 하는 동물과 아닌 동물을 나누는 것이기 때문이다.

일상에 적용할 수 있을까?

동물에게도 윤리적으로 대우받아야 할 권리가 있다는 주장을 통해 우리는 한층 더 구체적으로 동물 문제에 대해 고민하게 된다. 싱어나 리건이 말하는 권리는 인간을 포함한 살아 있는 동물이 겪는 경험에 근거를 두고 있기 때문이다. 단지 '생명은 소중하니까' 권리가 있는 것이 아니라, 몸과 마음에서 고통을 느낄 수 있어서, 하루하루의 삶을 영위하는 존재라서 권리가 있는 것이다.

마트에 진열된 붉은 살점은 비인간 동물의 고통의 경험, 실제 비인간 동물의 삶의 모습을 보여주지 않는다. 농장과 도축장은 사람들이 거주하는 곳에서 멀리 떨어져 있어서, 우리는 돼지의 비명을 들을 수 없고, 도축장에서 도망치려는 소의 뒷걸음질을 볼 수 없다. 농장이 아닌 야생에서 소와 돼지가 자기의 삶을 어떻게 살아가는지도 알지 못한다. 우리가 주로 보는 소와 돼지는 이미 죽어서 인간의 도구와 상품이 된 육체의 일부일 뿐이다. 그럴 때 우리는 동물을 생명 없는 사물처럼 생각한다. 그런 생각에 익숙해지면 살아 있는 동물을 보면서도 '고기'만을 떠올리게 된다. 그래서 우리가 동물을 어떻게 대해야 할지를 결정할 때, 동물이 고통을 느낀다는 것, 그리고 자기의 삶을 나름대로 영위하는 자율적 존재라는 것을 일깨우고 기억하는 과정이 중요하다. 그런 점에서 싱어와 리건의 주장은 곱씹어볼 가치가 충분하다.

하지만 동물권리론이 제시하는 윤리적 판단의 기준을 우리의 구체적인 일상에 그대로 적용하는 것은 쉽지 않은 일이다. 나의 할머니의 사례처럼, 어떤 행위가 옳은 행위인지를 결정해야 하는 대개의 상황에는 고려해야 할 것들이 다양하고 복잡하게 얽혀 있다. 그래서 어떤 행위가 더 이익이 큰지 계산하기 어렵고, 하나의 규범이나 원칙만 따르기도 어렵다.

동물권리론의 틀에서 보면, 할머니에게 고기를 대접할 것인가 말 것인가는 할머니가 원하는 음식을 먹을 권리와 동물의 권리 간의 충돌 문제로 축소된다. 할머니를 사랑하고 걱정하는 마음, 할머니의 인생을 이해하고 공감하는 감정, 죽은 동물에 대한 미안함이나 책임감은 고려 대상에서 배제하고, 충돌하는 권리들 중 무엇이 더 중요한지, 누구의 권리가 얼마나 침해되는지만 따질 수 있어야 한다. 결국 '할머니'의 자리에 '대통령'이나 '건장한 남성'을 앉혀도 동일한 결론에 도달할 수 있어야 한다.

이런 식으로 윤리적 판단을 하는 것은 판단의 주체와 그 선택의 영향을 받는 당사자들의 구체적인 상황을 무시하는 결과를 낳는다. 그들의 계급, 성별, 인종, 문화, 장애, 종교 등 정체성과 사회문화적 배경이 서로 다른 경우에, 동일한 윤리 규범이 어떻게 해석되고 어떤 상이한 결과를 낳는지 살피기는 어렵다.

가령 좁고 더러운 양계장에서 암탉이 학대당하며 낳은 달걀이 아니라, 닭에게 충분히 좋은 환경을 제공하는 농장에서 나온 달걀을 먹는 것이 여러모로 더 윤리적이라는 것은 분명하다. 동물권리론의 틀에서 보면 30개에 45,000원짜리 동물복지 달걀을 부유한 사람이 구입하든 빈곤한 사람이 구입하든 똑같이 윤리적이다. '동물복지 달걀 구입'이라는 같은 행위를 했고 이는 닭의 복지라는 차원에서 같은 결과를 낳을 것이기 때문이다. 하지만 실제로는 둘은 전혀 다른 의미를 갖는다.

저소득층에 속하는 사람에게 30개에 3,000원인 '나쁜' 달걀은 일주일 동안 끼니를 해결할 수 있는 소중한 식재료일 수 있다. 가난한 사람이 동물복지 달걀을 구입한다면 그는 그만큼 다른 것을 포기해야 한다. 한 달에 세 번 달걀을 구입해야 식생활을 유지할 수 있지만, 가격이 열 배 이상 비싼 동물복지 달걀을 선택하기 위해 두 달에 한 번만 달걀을 사면 영양이 부족해질 수 있다. 만일 그 사람이 아이를 키우는 한부모 가정의 아빠라면 값싼 달걀이나 우유, 햄이나 소시지는 아빠가 없는 시간에 아이가 혼자 식사를 해결할 수 있는 유일한 대안일지도 모른다. 게다가 저소득층이 거주하는 동네 마트에서는 동물복지 달걀을 팔지 않을 가능성이 높다. 그럼에도 동물복지 달걀을 선택했다면 그 사람은 부유한 사람보다 몇 배의 노력을 기울이고 훨씬 더 많은 것을 포기한 것이다.

만약 이 아빠가 동물복지 기준에서 가장 나쁜 등급의 계란을 선택했다고 해서 비난할 사람은 없을 것이다. 지킬 수 없는 규범은 쓸모가 없기 때문이다. 그렇다면 동물과 관련해서 우리가 매일의 삶에서 적용할 수 있는 윤리적 지침은 어떤 것이어야 할까? 비인간 동물이 살아 있는 존재이며, 자율적이고 고통을 느끼는 존재라는 것을 잊지 않으면서도, 사람들이 처한 구체적인 상황과 맥락을 지우지 않을 방법이 있을까?

6.   윤리적인 육식은 가능할까2: 생태공동체와 보살핌

사랑과 감정은 윤리를 방해할까?

합리성을 강조하는 동물권리론은 인간과 동물, 인간과 자연 사이의 감정적, 감각적 연결을 등한시하는 경향이 있다. 실제로 비인간 동물에 대한 사랑은 종종 동물에게 권리가 있다는 주장을 '감정에 호소하는 비합리적인 억지'로 몰아가는 구실이 되곤 한다. 그래서 싱어는 동물해방론에서 애정 대신 합리성이 핵심을 차지하기를 원했다. 하지만 정말 '감정 자체'가 문제일까? '감정을 사용하는 방식'이 문제인 것 아닐까?

감정과 이성을 분리해서 대립되는 개념으로 보는 것은 앞에서(1부 1장) 살펴본 '자연과 문화의 이원론'의 한 양상이다. 동물의 권리를 주장하는 사람을 감상적이라고 몰아가는 이들도, 동물권리론에서 감정을 배제하려고 했던 철학자들도 모두 이원론에 빠져 있는 셈이다. 그런데 이원론은 동물에 대한 인간의 지배와 폭력을 정당화해주는 틀이다. 감정을 이성에 반대되는 것으로 여기고 윤리적으로 덜 성숙하다고 보는 사고방식은 다른 동물들이 인간보다 열등해서 인간의 지배를 받는 것은 당연하다는 생각을 뒷받침한다.

그런 사고방식과는 반대로 사실 사랑과 공감은 사람이 동물의 고통과 권리에 관심을 갖는 가장 중요한 동기 중 하나다. 사랑과 공감능력은 다른 동물들도 여러 감정을 느낀다는 것을 알게 하고, 인간을 포함한 여러 종들이 공존하기 위해 존중해야 할 차이가 무엇인지를 예민하게 포착하게 하는 힘이다. 개나 고양이와 친밀한 관계를 맺음으로써 그들과 함께 살아가는 법을 익힌 사람은 열악한 상황에 놓인 동물의 고통을 더 정확하게 이해할 수 있다. 그렇기 때문에 이 사랑을 잘 사용하면 우리는 문제를 더 진지하게 다루며 더 적확한 해결방안을 발견할 수 있다. 그런 의미에서 사랑, 공감, 배려는 비합리적인 감정이 아니라, 오히려 우리의 합리성을 어느 방향으로 이끌어갈 것인가를 결정하는 지혜다. 그래서 관계와 배려를 윤리학의 핵심적 요소로 삼는 이들이 있다. 바로 페미니스트, 특히 에코페미니스트가 그렇다.

관계와 책임을 고려하기

관계를 살피지 않는 윤리는 오히려 차별적 사고를 유발한다. 가령 동물권리론은 문화마다 다른 육식의 관습을 서구의 관점에서 일방적으로 평가하는 자문화중심주의를 드러낸다. 땅이 척박하거나 기후의 특성 때문에 식물로는 충분한 영양을 공급할 수 없는 지역이 있다. 고기를 준 것에 대해 동물에게 감사를 표하고 자신도 언젠가 땅으로 돌아가 다른 생명을 위해 몸을 주겠다고 기도하는 문화도 있다. 이런 곳의 육식은 공장식 축산과 똑같이 비윤리적이라고 말할 수 없다. 그런데 주류 동물권리론의 논리 안에서는 이들의 차이를 세심하게 고려할 방법이 별로 없다. 이 역시 동물에게 고통을 유발하며 동물이 지닌 본래적 권리를 침해한다. 이런 점에서 보살핌 윤리에 입각한 동물윤리는 주류 동물권리론의 대안이 될 수 있다.

보살핌 윤리는 사람들이 관계 속에서 살아간다는 사실을 강조한다. 관계가 먼저고 자아의 독립은 나중에 관계 속에서 이루어진다. 사람이 태어나 자라는 동안 많은 사람들과 사회 전체의 도움이 필수적이라는 것을 생각해보면 당연한 이야기다. 그래서 보살핌 윤리는 윤리적 갈등을 이익이나 권리의 충돌이 아니라 관계를 맺고 있는 이들에 대한 책임의 문제라고 본다. 따라서 정해진 규범을 이해하는 것보다는 자신이 맺은 관계들에 대한 책임이 무엇인지를 이해하는 것이 더 중요하다. 이때 윤리적 행위란 관계 속에 있는 다른 이의 필요에 응답하고, 보살핌을 수행하는 능동적 행위다.

나는 홀로 식사를 해결할 수 없는 할머니가 삶의 마지막 시간에 즐거운 식사를 할 수 있도록 보살필 책임이 있다.

하지만 나는 또한 무고한 동물이 고통을 겪지 않도록 행위할 책임도 있다. 어떤 책임을 더 무겁게 받아들이냐는 상황마다 다를 수 있다. 만일 우리 할머니가 평생 부족함 없이 원하는 것을 이루며 살아온 사람이라면 즐거운 식사를 위해 꼭 고기를 드릴 필요는 없다. 할머니가 치매가 아니어서 고기를 대접할 수 없는 이유를 설득할 수 있다면, 고기를 주지 않는 쪽을 선택함이 더 나을 것이다. 이런 때에는 할머니에 대한 책임보다는 동물에 대한 책임이 더욱 중요하게 다가올 것이다.

보살핌 윤리는 개별자가 놓인 상황의 차이를 촘촘하게 살피면서, 인간과 인간 외의 동식물이 복잡한 관계망 속에 존재함을 전제한다. 삶의 여러 순간은 윤리적 갈등과 결정으로 이루어져 있다. 따라서 윤리적인 사람이 된다는 것은 단지 한 번의 결심이나 특별한 사건을 통해 일어나는 일이 아니다. 윤리적 선택은 꾸준한 과정이며, 그 과정은 계속적인 관심과 관계 맺기, 돌봄의 주고받음, 책임을 이해하고 수행하는 것으로 이루어진다. 따라서 자연과 동물을 돌본다는 것은 채식주의라는 하나의 규범을 정해놓고 모든 상황과 모든 사람에 적용하는 것이 아니라, 관계와 맥락, 상황마다의 특수성을 고려하여 매번 가장 적합하고 책임 있는 결정을 하는 것이다.

무엇보다 보살핌 윤리에서 책임과 돌봄의 대상에는 '나 자신'이 포함된다. '나'를 제외하고 타자만을 돌보는 것은 희생적인 어머니처럼 자아의 상실을 의미하기도 한다. 동물에 대한 윤리도 마찬가지다. 동물을 윤리적으로 대하기 위해 나 자신을 돌보지 못한다면 그것은 좋은 윤리적 결정이 아니다. 채식주의라는 규범을 지키기 위해 몇 끼니를 연달아 굶어버리는 것은 자신의 건강과 안녕을 돌볼 책임을 방기하는 것이다.[14]

생태적 관계를 고려하기

에코페미니스트인 발 플럼우드Val Plumwood는 동물이 원천적으로 음식이 되어서는 안 된다는 동물권리론의 입장을 비판한다.[15] 플럼우드는 음식이 될 수 있다는 것과 고기로만 취급된

---

14 정치적 신념을 지키기 위해서나 존엄을 회복하기 위해, 자신과 가족의 생계가 걸린 문제를 해결하기 위해 목숨을 건 단식농성이나 고공농성을 하는 이들을 자신을 돌보지 않는다는 점에서 윤리적으로 비난할 수 없다. 경우에 따라서는 목숨을 거는 것은 위대한 의지의 표현이기도 하고, 자신의 존엄성을 보살피는 일이기도 하며, 그저 목숨을 부지하는 것보다 더 가치 있는 것을 위한 윤리적 결단이기도 하다. 그러나 채식이 동물해방이라는 궁극적인 목표를 달성하기 위한 일상적 실천의 방식이라면 매일 목숨이나 건강을 내걸 수는 없는 노릇이다. 위의 구절은 신념과 가치를 지키기 위한 채식주의자들의 의지와 결단을 비하하려는 것이 아니라, 채식주의가 지속가능하고 장기적인 효과를 내는 실천임을 전제한 것이다.

15 *Val Plumwood, "Integrating Ethical Frameworks for Animals, Humans, and Nature: A Critical Feminist Eco-Socialist Analysis", Ethics and the Environment, 2000.* 이 비판의 대상에는 주류 동물권리론뿐 아니라, 육식주의의 가부장제적 성격을 폭로한 캐럴 애덤스와 같은 페미니스트도 포함된다.

다는 것을 구별해야 한다고 주장한다. 생태계 안에서 동물은 반드시 다른 생명체로부터 에너지와 양분을 얻어야만 살아갈 수 있다. 먹이사슬은 약육강식으로 표현되는 위계질서를 일컫는 것이 아니라, 모든 생명체가 상호관계 속에서 누군가에게는 먹을거리가 될 수 있음을 의미한다. 어떤 존재도 '고기'나 '먹을 것'으로만 취급되어서는 안 되지만, 우리 모두가 무언가를 먹고 누군가의 음식이 될 수 있다는 것을 부정해서도 안 된다.

플럼우드에 따르면 현재 인간은 이 먹이사슬로부터 빠져나와 마치 자연에는 속하지 않고 순전히 문화적 존재이기만 한 것처럼 착각하고 있다. 플럼우드는 동물권리론이 이 환상을 다른 동물에게까지 확장한다고 비판한다. 인간은 잡식동물로서 포식자의 위치에 있을 수 있다. 포식 자체를 나쁜 것으로 보고 인간에게서 분리하는 것은 종차별적 관행을 오히려 강화하는 것일 수 있다. 동물종으로서의 인간의 특성을 부정하기 때문이다. 육식은 문화적 관습이기도 하지만 동물종으로서의 인간의 생물학적 특성이기도 하다. 모든 육식은 나쁘다고, 다른 동물의 생명을 취하는 것은 절대 안 된다고 생각하는 것은 인간의 동물로서의 위치를 삭제하는 것이다. 인간에게서 동물성을 지우려는 시도에는 동물혐오 및 종차별주의가 묻어 있다. 문제가 되는 것은 비인간 동물을 완전히 도구화하고 상품화하는 특정한 육식의 방식이지, 육식 그자체가 아니다. 야만적인 것은 공장식 축산이지 육식 자체가 아니다. 그래서 플럼우드는 다른 동물들을 먹이사슬 밖으로 빼내는 대신 인간을 먹이사슬로 돌려보내어 인간과 다른 동물 및 자연세계의 친족관계를 인식하는 데로 방향을 바꾸어야 한다고 주장한다.

그렇다면 에코페미니즘에서 윤리적인 육식이 가능할까? 그렇다. 여러 에코페미니스트는 생태적인 호혜성을 존중하는 방식의 육식은 윤리적일 수 있다고 생각한다. 에코페미니스트는 동물의 문제를 생태계의 복잡하고 상호적인 순환 관계 속에서 사유하기를 제안한다. 동물에 대한 인간의 지배는 자연의 파괴와 마찬가지로 이 호혜성을 인간이 깨트리면서 발생한다. 공장식 축산은 동물을 인간을 위한 고기로 환원하고 동물의 다른 존재 방식을 인식하지 못하게 한다. 그리고 인간은 이제 죽어서도 자연으로 돌아가지 않는다. 다른 동물을 위한 먹을거리가 되어주지도 않으며 땅에 묻혀 토양을 비옥하게 만들지도 않는다.

물론 현대사회에서 대부분의 고기가 공장식 축산에서 생산되기 때문에 채식은 폭력을 중단하는 가장 직접적인 행동이 될 수 있다. 그렇기 때문에 "할머니에게 고기 요리를 해드릴 것인가"라는 질문에 대한 답은 주류 동물권리론에 입각하든 에코페미니즘에 입각하든 동일할 수 있다. 하지만 그 결론을 내리기까지의 판단 과정은 매우 다르다. 또한 이 상황을 극복하기 위한 방안도 달라진다. 공장식 축산의 비윤리성과 채식의 윤리성에 대한 논의가 동물을 절대로 먹거리로 삼으면 안 된다는 결론으로 이어질 필요는 없다. 그 대신 에코페미니스트들은 인간이 다시 생태계의 일원이 되는 기획이 필요하다고 주장한다.

하지만 생태적 관계를 회복한다는 것은 모든 종이 갈등도 싸움도 없이 잘 지낸다는 뜻이 아니다. 문명을 부수고 야생 상태로 지내야 한다는 뜻에서 "자연으로 돌아가자"는 주장도 아니다. 인간이 지구를 점령하고 다른 모든 생물종 위에 군림하면서 그들을 완전히 도구화하는 것을 멈추고, 인간역시 복잡한 생태적 관계망 안의 일부로 존재해야 한다는 것이다. 인간이 발전시킨 문명과 기술이 그 관계망을 무너뜨리는 힘이 아니라 풍요롭게 하는 힘이 되도록 해야 한다.

이런 것을 목표로 삼는다면, 동물의 권리를 침해하지 않거나 권리를 보장하는 것은 필요한 일이지만 충분하지는 않다. 인간과 다른 동물종이 생태공동체의 동료이자 구성원으로서 관계를 맺고, 개체와 종, 생태계 전체의 지속과 안녕을보장하기 위해서는 사회 전체의 전면적인 변화가 필요하다. 이것은 살아 있는 존재를 비롯해 모든 것을 상품으로 만드는자본주의 경제, 소수의 사람들만을 대변하고 동물을 포함한공동체 구성원 대부분의 실제 삶을 소외시키는 정치 제도와동물들이 생존하기 어렵도록 짜인 도시 인프라, 여자인 동물의 재생산 기능을 착취하는 가부장제, 이원론적 인간중심적인 세계관 등을 변화시키는 노력을 함께 요구한다.

그러기 위해서 동물운동과 윤리가 개인이나 개체에 초

점을 맞추는 윤리 대신, 생태공동체의 관계에 초점을 맞추는 보살핌 윤리 및 생태주의를 참조하면 분명 도움이 될 것이다. 개인의 행위를 규제하고 동물 개체를 돌보는 윤리규범은 꼭 필요하다. 하지만 생태적 관계들을 붕괴시키면서 대규모로 동물을 착취하는 이들은 사실 이 윤리규범의 영향권을 벗어나 있다. 그들이야말로 인간과 다른 동물 사이의 종차별적 권력관계에서 가장 큰 힘을 가지고서 이익을 긁어모은다. 그렇기에 생태적 순환을 회복하기를 가장 원치 않는 사람이 누구인지, 즉 동물산업을 통해 실제로 가장 큰 이익을 보는 사람들이 누구인지 볼 필요가 있다.

다른 한편으로, 현재의 육식문화와 동물산업 구조 안에서 채식주의를 윤리규범으로 삼을 때, 실천에서 가장 어려움을 겪는 사람들이 누구인지, 그리고 그들이 공감할 수 있는 동물운동의 방식이 무엇일지 고민이 절실하다. 동물산업에 종사하고 있지만 열악한 노동 조건에 시달리고 있는 노동자들, 건강 및 윤리적 소비에 관심이 있는 소비자들, 지역 환경운동, 대규모 축산업으로 인해 자율성과 생존력을 상실한 소농장 농민들, 신자유주의와 초국적 기업들의 횡포에 맞서는 이들과의 연대가 필요하다.

7. 고기를 먹는 교회 안에서 사랑 · 섬김 · 생명 그리고 동물권을 이야기 했더니…

'생명'의 교회, 그 안에서 동물권을 말하다

여성신학을 공부한 목사님이 계신 한 교회에서는 다양한 활동이 있었다. 청년 모임, 성경공부 모임뿐만 아니라, 분기마다 페미니즘, 환경, 정치 등의 초청강의도 했다. 교회에서 각자 모은 헌금은 좋은 NGO단체에 쓰였고, 회계도 투명했다. 생명을 위해 노력하는 그 교회는 교제의 연장선이 식사라고 생각하여 모든 사람에게 항상 식사를 하고 가라고 환대해주었다. 채식을 하는 사람을 위해 야채도 자주 준비되었다. 대개 페스코 채식주의자(우유, 달걀, 생선까지 먹는 채식주의자)들은 편하게 먹을 수 있는 식단이었다. 요리를 '남녀노소' 번갈아가면서 하여, 다른 교회보다 더 다양한 사람들이 식사 봉사에 참여할 수 있었다. 이전에 다닌 교회에서는 고기를 먹으라는 권유와 채식을 의아해하는 질문들이 즐비했지만, 이 교회에서는 존중받는 느낌이 들어서 좋았다.

하지만 이 교회에서도 고기가 든 카레가 유일 메뉴로 나

오고, 삼겹살을 사용한 모임을 하기도 했는데, 이때 채식인들이 먹을 수 있는 음식이 없었다. 목사님들이 모여서 친목을 다질 때나, 청년들끼리 모임을 가질 때는 주로 고기를 먹었다. 또, 퀴어, 여성, 장애인, 노동자 등을 보살피는 소위 "진보적인" 교회라면서 '동물권'에 관한 논의는 거의 없었다. 그래서 나는 동물권 관련 강의를 하게 해달라고 적극적으로 요청했다. 강의를 할 때 공장식 축산의 현실을 담은 동영상을 보여드리는 적이 있는데, 채식에 대해 진지하게 생각해보게 되었다는 사람들이 있었다. 그런데 그 장면이 너무 잔인해서 불편해하는 이들이 있었다. 주로 폭력적인 영화나 매체에 익숙할 것 같은 중년 남성들이었다. 단순히 잔인함에 대한 수용력이 부족해서 불편해하는 것 같지는 않았다.

왜 그들은 동영상이 불편했을까? 올바름을 추구하는 자신이 잔인한 행동에 일조하고 있다는 것을 인정하기가 어려웠던 걸까? 이제까지 윤리적으로 불편하지 않게 고기를 소비해오던 습관을 갑자기 거역하는 것이 급진적인 느낌을 받아서였을까? 이러한 불편함은 이후 교회 안의 변화를 위한 나의 시도에 걸림돌이 되었다. 진보적인 교회임에도 불구하고, 총회에서 동물권을 다루고 싶다는 나의 제안에, 이 이슈는 민감한 문제이니 꺼내지 않는 게 좋겠다며 저지당했다. "한 사람 때문에 메뉴를 다 바꿀 수도 없고"라는 말을 음식을 준비하시는 분으로부터 듣기도 했다. 비록 나의 활동 가치는 인정해주는 것 같았지만, 교회 활동에 깊게 개입할수록 점점 더 소외당하는 것 같았다. 퀴어, 여성, 장애인, 노동자 등을 보살피는 교회에서 일어난 이러한 대우는 낯설었다.

"채식 메뉴를 옵션으로나마 챙겨주는 것만으로도 감사해야 하는 것 아닌가?"라고 질문할 수도 있다. 하지만 그것은 동물권에 근거한 공동체의 실천이라기보다 서로 껄끄럽지 않기 위해, 그리고 소수자이자 인간인 나를 위한, 인간중심적인 배려에 가까웠다. 이런 취지의 배려는 오히려 채식주의자의 특이성에 주목이 가고, 그것은 채식주의자에게 불편함과 부담이 될 수 있다. 교회에 채식 메뉴가 있었으면 하는 이유는 내 자신이 배려받기 위해서가 아니라 윤리신학적으로 현대사회에서 꼭 필요한 실천이다.

성경은 비인간 동물을 어떻게 대하라고 하는가

고기를 먹는 그들도 공장식 축산으로 도축되는 동물들이 교회의 보살핌을 필요로 하는 약자라는 사실을 부인할 수 없었다. 많은 기독교인들은 기독교 사상이 동물복지에 대해 무관심하거나 적대적일 거라 생각하지만, 『성경』에는 비인간 동물에 대한 보살핌의 가치를 표현하는 여러 구절이 있다. 그중에서 몇 개를 살펴보자. 「잠언」 12장 10절을 보면 "의인은 집짐승의 생명도 돌보아주지만, 악인은 자비를 베푼다고 하여도 잔인하다"라고 나와 있다. 또한 콥트교회 문서 조각의 기독교 외경 문학에서도 큰돈을 내고 노새를 산 후 만족할 때까지 그 노새를 때릴 수 있다는 남자에게 예수가 "너희들은 노새가 어떻게 피를 흘리는지 보지 못하고, 어떻게 신음하며 울부짖는지 듣지 못하느냐?" "노새가 하늘에 계신 창조주께 하소연하며 자비를 구하며 우는 것에 귀기울이지 못하는 너희들에게 화가 있으리라. 그러나 이 노새가 고통을 호소하며 울부짖게 만든 자에게는 세 배나 화가 있으리라"라고 한다. 이 이야기는 비인간 동물이 자신의 소유물이라는 이유로 폭력을 휘두르면 안 된다는 교훈을 담고 있다. 뿐만 아니라 「시편」 145장 9절에서도 모든 피조물을 주님이 긍휼이 여기신다는 표현이 보인다. "주님은 모든 만물을 은혜로 맞아주시며, 지으신 모든 피조물에게 긍휼을 베푸신다." 이러한 성경 구절은 동물권을 논하는 많은 윤리신학자들에 의해 인용되었다.

인간이 본래 우월하여, 비인간 동물을 해쳐도 되는가?

동물권이나 동물복지에 대한 인식이 익숙지 않은 한국 기독교에서는 인간이 동물보다 우월하기 때문에 비인간 동물을 먹는 과정에서 오는 피해는 정당화되는 자연의 섭리라고 주장한다. 하지만 성경에는 먹이사슬의 약한 동물과 강한 동물이 함께 어우러지고 사자가 풀을 뜯는다는 구절이 있다.

예를 들어 「이사야서」 11장 6절에서 9절을 보자. "그때는, 이리가 어린 양과 함께 살며, 표범이 새끼 염소와 함께 누우며, 송아지와 새끼 사자와 살진 짐승이 함께 풀을 뜯고, 어린아이가 그것을 이끌고 다닌다. 암소와 곰이 서로 벗이 되며, 그것들의 새끼가 함께 눕고, 사자가 소처럼 풀을 먹는다. 젖먹는 아이가 독사의 구멍 곁에서 장난하고, 젖뗀 아이가 살무사의 굴에 손을 넣는다." "나의 거룩한 산 모든 곳에서, 서로 해치거나 파괴하는 일이 없다. 물이 바다를 채우듯, 주님을 아는 지식이 땅에 가득하기 때문이다." 이 구절들을 보면, 먹기 위해서 비인간 동물을 해쳐도 되는 것은 성경이 추구하는 이상이 아니라는 것을 보여준다. 성경이 추구하는 이상은 서로 어떤 이유에서든 해치지 않는 아름다움이다.

뿐만 아니라 「전도서」 3장 18~21절에서는 인간이 비인간 동물보다 우월하다는 생각이 헛되다는 말도 담고 있다.

❝

나는 또 마음 속으로 생각했다. 하나님은 사람이 짐승과 마찬가지라는 것을 깨닫게 하시려고 사람을 시험하신다. 사람에게 닥치는 운명이나 짐승에게 닥치는 운명은 같다. 같은 운명이 둘 다를 기다리고 있다. 하나가 죽듯이 다른 하나도 죽는다. 둘 다 숨을 쉬지 않고는 못 사니, 사람이라고 해서 짐승보다 나을 것이 무엇이냐? 모든 것이 헛되다. 둘 다 같은 곳으로 간다. 모두 흙에서 나와서, 흙으로 돌아간다. 사람의 영은 위로 올라가고 짐승의 영은 아래 땅으로 내려간다고 하지만, 누가 그것을 알겠는가?

"

이 구절을 보면 인간이 비인간 동물보다 낫지 못하고, 영적인 면에서 우월할지라도, 그것이 헛되다고 말한다. 인간이 짐승보다 더 윤리적으로 우월하거나, 하나님을 더 잘 알지 못하기 때문이다. 나는 이 구절을 읽을 때마다 "인간이 가장 잔인한 동물이다"라는 말이 떠오른다. 모피를 입고, 동물로 게임을 하며, 더 많이 먹으려고 공장식 축산을 개발한 동물은 인간밖에 없다. 인간은 자신의 이익을 위해서 얼마든지 악해질 수 있는 동물이다. 다른 종을 해치고 고통을 주는 우월성은 도대체 무슨 의미가 있다는 말인가?

성경에서 인간이 우월하기 때문에 다른 피조물들을 통치할 능력을 부여받았다고 말하는 걸로 많은 사람들이 이해한다. 이에 대해서 윤리신학자 앤드류 린지Andrew Linzey는 지구의 피조물을 착취하라는 게 아닌, 연약하고 말 못하는 동물을 존중하고 돌보는 섬김의 지배권이라고 한다. 즉, "우리가 다스리는 종이 아니라 섬기는 종"[16]이라는 것이다. 예수가 보여준 통치권도 섬김의 통치권이었으며, 착취의 통치권이 아니었다. 예수가 보여준 희생, 사랑, 그리고 섬김의 통치권은 인

16   앤드류 린지, 『동물신학의 탐구』, 대장간, 52-53쪽, 2014.

간의 이익을 위해서 비인간 동물의 고통을 정당화하는 것을
뜻하지 않는다.

비인간 동물을 보살피는 교회의 실천

이 외에도 성경의 많은 부분이 비인간 동물과 인간과의 조화, 사랑, 섬김을 보여준다. 우리가 반려견을 사랑하는 그 사랑의 마음이다. 비록 현대사회에서 비인간 동물을, 특히 이전 시대에는 자주 교감을 나누던 소, 돼지, 닭을 직접 보살필 기회가 많이 적어졌지만, 우리는 윤리적 소비를 통해 비인간 동물을 훨씬 더 다양하게 존중할 수 있다.

교회 안에서 비인간 동물을 같은 피조물로서 배려하며 채식 지향을 하고, 부활절에는 달걀보다 그 마음을 담을 수 있는 순식물성 트러플 초콜릿(동그랗게 모양을 낸 초콜릿)을 만들어보는 것도 좋다. (내가 다니던 교회에서 시도해보았는데 반응이 좋았다!) 헌금을 할 때에는 채식을 위해 써주라는 문구와 함께 헌금을 내고 적극적으로 건의를 할 수도 있다. 또한 야외 예배를 드릴 때에는 바비큐보다 버섯구이와 콩고기를 재료로 써보는 것도 좋다. 미국에 있을 때 나는 (지금 한국에도 수입된) 비욘드 미트^{Beyond Meat} 회사의 세 가지 맛의 순식물성 소시지를 교회 예산으로 구입해 사람들과 바비큐 파티를 했다. 교회 안에서 하나님의 피조물인 비인간 동물을

비욘드 미트 사이트 메인. 식물로 만든 햄버거 패티가 메인에 걸려 있다.

보살피는 다양하고 조그마한 실천은 생각보다 가까이 있다.

　미국에는 동물권을 지지하고 비건 치즈 이벤트까지 하는 교회들이 존재한다. 그런 교회의 선행 사례를 본받아 한국 교회들도 언젠가 변화할 것을 기대한다. 많은 한국의 교회들이 불편함에 외면해온 공장식 축산의 현실에 눈을 뜨길 바라며.

8.　무인도에 혼자 남는다면, 고기를 먹어야 하지 않을까

우리가 극한 상황에 있다면

"단백질 안 부족해?" 채식을 하다 보면 가장 많이 듣는 질문이다. (어떻게 먹느냐에 따라 다른데, 보통 부족하지 않다.) 그다음으로는 '만약'으로 시작되는 질문을 주로 듣는다. "만약 네가 에스키모인이라면, 고기 말고는 먹을 것이 없을 텐데, 육식을 할 수밖에 없잖아?" "만약 네가 무인도에 있다면, 사냥해서 고기 먹어야 하지 않아?" "만약 네가 주머니에 돈이 없어 당장 먹을 것이 삼각김밥밖에 없다면, 그래도 채식을 할 거야?"

　　이러한 질문의 공통된 전제는, "만약 네가 극한 상황에 있다면"이다. 극한 상황이면 (아무리 신념이 강한 채식주의자라 해도) 채식을 하지 못할 것이라는 전제다. 이런 질문을 하는 사람들은 대체로 "극한 상황에서 인간이 고기를 먹을 수밖에 없다고 윤리적으로 인정한다면, 육식은 비윤리적이라고 하기 힘들다"고 주장한다. 극한 상황은 인간의 자연스러운 본성을 보여주기 때문이다. 인간은 수렵채집을 하던 오랜 시절부터 고기를 먹어왔기에, 육식이 자연의 섭리라고 한다. 자연의 먹이사슬 속에서 사자가 사슴을 잡아먹고, 닭이 지렁이를 먹듯 인간도 육식을 한다는 것이다. 결국 인간으로서 먹고 싶은 걸 먹으며 사는 게 자연스럽다, 또는 육식을 해도 괜찮다고 주장한다.

이러한 주장은 비채식인과 채식인의 투쟁 정신을 불타오르게 한다. SNS에서는 댓글 논쟁이 몇 주 동안 이어질 때도 있다. "육식이 비윤리적인지 아니면 생태적인지"에 대한 물음은 윤리철학에서도 끊임없이 토론되는 주제다. 자연의 섭리라는 생태주의적 관점은 에스키모인의 육식, 저소득층의 육식, 어쩔 수 없는 회식과 야근에서의 육식, 그리고 단순히 먹고 싶을 때의 육식까지 모두 윤리적으로 정당화할 수 있는 논리일까? 여기서는 이 물음과 관련된 윤리신학적 논쟁을 하나씩 짚어가고 싶다.

성경은 육식을 허용했다?

성경의 첫 페이지를 보자. 「창세기」는 하느님이 원하는 세상의 많은 질서를 보여준다. 그중 눈에 띄는 문구가 있다. 「창세기」 1장 29~30절에서 하느님은 사람과 비인간 동물에게 채소를 음식으로 먹으라고 한다. 「창세기」 2장 18~20절을 보면, 인간만 있는 것이 좋지 않아서 아담을 위해 야생동물과 새를 배필로 만들어주었다. 이때 에덴동산에서 사람과 비인간 동물은 상호의존하며 채소를 먹고 산다.

하느님이 처음으로 육식을 허용한 계기는 창세기 9장 3절에서 나온다. "모든 산 동물은 너희의 먹을 것이 될지라. 내가 전에 채소를 준 것 같이 내가 이것을 다 너희에게 주노라." 하느님은 왜 갑자기 육식을 허용했을까?

육식을 허용한 시점은 노아의 방주 사건 이후다. 방주에 타지 않은 모든 동물과 식물은 홍수에 떠내려갔다. 그 홍수는, 인간의 죄악이 세상에 가득해 땅 위에 사람을 만들었음을 한탄하고 지면의 모든 생물을 다 쓸어버리려는 하느님의 계획으로 나온다. 홍수 후, 방주 안에 있었던 노아와 생물들만 살아남았다. 또한, 여기서 하느님은 육식을 허용하면서도 피가 남아 있는 채로는 먹지 말라고 한다. 하느님이 육식을 허용했던 전후 맥락이다.

이에 대해 앤드류 린지는 이렇게 동물을 죽이고 먹는 것에 대한 제한들은, 인간이 아닌 신에게 속해 있는 생명을 죽인다는 것을 상기시키기 위함이며, "노아의 방주 전에 방황했던 인간의 커지는 죄성과 폭력에 맞추어진 애매모호한 육식의 허용"[17]이라고 한다. 육식을 권장하는 것이 아닌, 그 상황에서 어쩔 수 없이 허용했다는 것이다. 그러므로 죄악이 너무 커진 인간에 맞춰 잠정적으로 윤리적 기준을 낮춘 것일

17　Peter Singer and Christian, *Ethics: Beyond Polarization*, p. 105.

수도 있고, 홍수로 인해 먹을 것이 없기 때문에 나온 일시적 허용일 수도 있다. 인간의 죄악과 그로 인한 홍수가 없었다면, 그 시점에 육식을 허용하지 않았을 것이다. 이에 대해 린지는 하느님의 필요에 의한 조건들 아래서만 죽임killing이 '허용'된 것이지, 인간이 비인간 동물을 죽일 권리가 있다고 해석하지 않는다. 11장 6절이나, 앞서 말한 「창세기」 1장에도 나와 있듯, 이상적인 하느님의 세상에서는 육식이 권장되지 않는 것으로 보인다.

인간은 하느님의 형상대로 만들어졌다, 고로 더 우월한 인간이 동물을 지배하라?

인간이 우월하기 때문에 다른 동물을 먹어도 될까? 「창세기」 1장 28절에는 "바다의 물고기와 하늘의 새와 땅에 움직이는 모든 생물을 다스리라"는 말이 있다. 어떤 이들은 "다스리라"는 말을 "지배하라"는 뜻으로 해석한다. 그리고 동물은 인간을 위해 만들어졌으며, 비이성적 존재들이 이성적인 종을 섬기는 것은 신의 섭리라고 주장하기도 한다. 토마스 아퀴나스Thomas Aquinas는 "동물을 죽이든 어떻게 하든 그들을 사용하는 것은 잘못이 아니다"라고 말했다. 조세프 릭카비Joseph Rickaby도 "인간이 아닌 야만적인 짐승들은 아무런 권리도 가질 수 없다. 그들에게 인간이 자선이나 친절을 베풀 의무가 없다"고

했다. 이들의 주장에 따르면 인간의 필요에 의한 동물 착취는 충분히 정당화될 수 있다.

동물의 권리를 묵살하는 이러한 주장에 대해 앤드류 린지는 다음과 같이 말한다.

> 66
>
> 수백만 종의 생물을 창조하시고 지탱하시는 창조주께서 오직 그중 한 종만 돌보신다는 것이 과연 자명한 사실일까? 지구라는 행성 위에서 이루어진 기나긴 생명의 진화기간을 통해서 모든 종들이 인간을 섬기는 것을 제외하고는 다른 어느 목적도 가지지 않는다는 말이 과연 믿을 만한 것인가? … 다른 종들은 오직 인간의 허기진 위를 채우는 것 말고는 아무 기능이 없다는 말은 사실일까? … 만약 인간이 모든 종을 먹어 치우는 것이 하나님의 뜻이라면, 실제로 아주 적은 수의 종들만이… 인간에게 먹힌다는 사실은 놀랄 만한 일이다. 또한, 동물이 '섬길' 인간이 존재하지 않았던 수백만 년의 진화의 기간은 도대체 무어라 설명할 수 있을까?[18]
>
> 99

이처럼 린지는 비인간 동물을 만든 하느님의 목적이 인간에게만 있는 것이 아니라고 주장하며, 인간이 마음대로 할 수 없는, 하느님이 준 동물들의 고유한 권리에 대해 토로한다.

---

18   앤드류 린지 지음, 장윤재 옮김, 『동물신학의 탐구』, 대장간, 2014, 64-65쪽.

그는 인간이 동물을 다스리는 것에 관하여 그 다스림의 성격이 상식적 다스림과 다르다고 한다. 그에 따르면, 하느님의 주권은 권력의 지배가 아닌 '섬김의 다스림'이다. 섬김의 다스림은, 예수가 자신의 제자의 발을 씻겨준 것[19]과 같이, 서로 높낮이 없이 사랑으로 포용하는 것을 뜻한다. 하느님의 형상대로 인간이 만들어졌다면, 인간의 '다스림' 또한 그래야 한다. 만약 우리에게 하느님의 주권이 주어졌다면, 창조세계를 사랑하고 섬겨야 하는 것은 바로 우리들이다. 억압받는 자들의 고통과 함께하며 겸손과 희생적 사랑으로 세상을 다스려야 하는 것이다. 만약 인간이 비인간 동물보다 더 '높다면' 더 높은 존재가 더 낮은 존재를 위해 희생해야함을 뜻하지, 낮은 존재가 높은 존재를 위한 희생해야함을 뜻하지 않는다. 비인간 동물이 인간과 다르고 힘이 없더라도, 그 다름이 차별과 착취의 근거가 되지 않는다. 오히려 그들을 돌볼 이유가 된다. 비인간 동물을 다스리라고 한 창세기 1장 28절 바로 뒤 29절에는, 모든 동물에게 하느님은 채식을 명령했기에, 다스림은 더더욱 그들을 먹는 것으로 이어질 수 없다.

　윤리신학자 앤드류 린지의 주장대로라면, 인간이 동물을 마음대로 착취해서는 안 되며, 오히려 그들에게 자선을 베풀어야 한다는 결론이 도출된다. 이런 린지의 말이 타당하지

19　　그 시대 발을 씻겨주는 것은 낮은 계급의 사람이 높은 계급의 사람에게 해주던 일이었다.

않다면 성경은 우월한 인간이 비인간 동물을 착취해도 된다고 말하는 셈이 된다. 그렇다면 성경은 만물을 사랑하는 신 중심적인 책이 아닌 인간을 떠받드는 책일 뿐이다. 이는 인간을 신격화하는 것으로, 기독교의 기본 정신과도 위배된다.

린지는 어떤 종교가 윤리적인지 아닌지 가늠하는 기준을 이렇게 제시한다. "한 종교가 우리로 하여금 더 사랑하고, 더 자애롭고, 더 연민하는 삶을 살도록 만드는가?" 만약 성경이 올바른 윤리를 제시하고 있다면, 성경을 믿는 사람들은 하느님의 연민과 섬김의 다스림 안에서 비인간 동물을 대해야 한다.

"고기를 먹어도 되는가"라고 묻기보다
"그 고기를 먹어도 되는가"라고 묻기

윤리신학자 찰스 캐모시Charles Camosy 는 '필요한 수준만큼만' 고기를 먹는 것을 강조했다. 『가톨릭 교회 교리서』에도 불필요하게 동물의 고통과 죽음을 야기하는 것은 인간의 존엄성에 대립된다고 나와 있다. 현대사회에서는 채식에 대한 영양학적 지식과 음식이 풍부하다. 그러므로 우리는 채식만으로도 균형 잡힌 식사를 충분히 할 수 있다. 필요한 영양소를 순식물성으로 섭취하는 것이 더 어렵다는 이유로 고기를 먹는 것은 '육식의 필연성'의 근거로 충분하지 않다. 많은 경우 현대인이 섭취하는 고기의 질과 양을 고려했을 때 오히려 건강에 위협이 된다. WHO는 붉은 고기와 가공육을 발암물질로 분류했다. 반면 한국에서는 오랫동안 채소 위주의 식단을 하며 건강을 유지해왔다. 고기가 풍족한 환경에서 성인병이 오히려 솟구쳤다. 또한, 캐모시는 공장식 축산의 고기를 선택하는 이유가 쾌락인 경우가 많고, 고기를 절제하는 것이 한 사람의 생명을 위협하지 않는다고 덧붙인다.

물론 비채식을 하는 것이 현실적으로 배를 채우기 더 쉬울 수는 있으며, 개인이 놓인 상황에 따라 완전한 채식이 불가능할 수 있다. 고기를 먹지 않으면 도시인으로서 사회생활을 하기 불편하고, 식사의 다양성을 줄이기도 한다. 하지만 우리 대부분이 고기를 섭취하는 건 순두부찌개 식당이나 두부집이 존재하지 않기 때문이거나 마트에 채소가 부족해서가 아니다. 특히 무한리필 고깃집을 가거나 영양적으로 균형 잡힌 채식 메뉴가 있는 식당에서 고기를 선택하는 경우는 더욱 그렇다.

객관적인 과학적 사실에 근거해도 건강한 채식 식단이 영양적으로 불균형하지 않으며, 개인이 어떻게 선택하느냐에 따라 영양적으로 균형 잡힌 채소 위주의 식단은 어느 정도 가능하다. 그러므로 캐모시가 말한 '필요한 수준만큼만'을, 즉 정말 불가피한 동물성을 섭취하는 그 양이 얼만큼일지 고민해볼 필요가 있다.

그렇다고 '필요한 고통'을 정당화하는 것은 아니다. 모든 고통은 근절되어야 하고, 불필요한 고통은 더욱 근절되어야한다. 불필요한 고통을 없애려면, 우리는 "고기를 먹어도 되는가"라고 묻기보다, "그 고기를 먹어도 되는가"라고 물어봐야 한다. 눈앞에 놓인 '그 고기'가 처한 맥락이 불필요한 고통으로 가득 차 있을 수 있기 때문이다.

인간이 수렵과 채집을 할 때부터 고기를 먹었다며 모든 맥락을 막론하고 현재의 모든 상황까지 일반화하는 것은 의미가 없다. 그때는 공장식 축산으로 인한 동물 대학살이 일어나지 않았으며, 무엇보다도 윤리적 기준이 지금과 다르다. 수렵채집을 할 때부터 지금까지 문화적으로 자연스럽다거나 필요하다는 이유로, 살인, 강간, 영아살해, 인육을 먹는 풍습, 인종차별 등이 이루어졌다. 과거에 허용되었던 것이 현재의 맥락에서 정당화되지 않는다. 그때의 맥락과 지금의 맥락은 다르기 때문이다.

그러므로 우리는 공장식 축산으로 도축된 고기를 먹어도 되는지에 대한 질문을 끊임없이 상기해야 한다. 고기를 먹는 것, 동물을 죽여서 먹는 것이 인류 문화를 통틀어 자연스럽게 받아들여졌을지라도 말이다. 공장식 축산으로 사육되고 도축당한 '고기'가 어떤 고통을 야기하고 있는지, 채식으로도 충분한 영양 섭취를 할 수 있는 상황에서 '고기'를 먹는 행위가 최선인지를 생각해야 한다.

에스키모인, 무인도인, 저소득층이 어쩔 수 없이 고기를 먹는
것이라면, 그 상황에서 '필요'한 육식을 하는 건 '윤리적 육
식'의 근거가 될 수 있지 않을까? 먹을 것이 풍족하지 않은
자연 상태에서 고기를 먹는 것, 채식을 하면 굶어 죽을 극한
환경에서 고기를 먹는 것은, 충분히 채식을 할 수 있는 환경
에서 또는 쾌락을 위해 고기를 먹는 것과는 맥락이 다르다.

그런데 동물을 섬기는 신학윤리 안에서, "어쩔 수 없이
비인간 동물을 먹는 것"이라는 예외를 허용한다면, '채식'에
대한 윤리적 모호성을 피할 수 없다. 신학윤리는 극한 상황
에서 그들을 섬기는 윤리를 포기해도 된다고 말할까? 어떠
한 고통은 필요한 고통이고, 단순히 정당화할 수 있는 고통
이라면, 먹이사슬에 따라 반려견이나 나보다 약한 인간을 먹
어도 정당화될까? 인간은 예외로라도 먹지 않을텐데, 어떤
동물은 예외로 먹는다니?

정말 극한 상황을 예로 들어보자. 한 논문에서는 채식주
의자인 에스키모인이 자신의 썰매를 끈 개(반려견)를 굶어 죽
을 것 같아서 먹었다고 한다. 그는 자신이 사랑하는 개를 먹
은 뒤 엄청난 정신적 트라우마가 생겼다고 한다. 얼마나 극
한 상황이면, 다른 야생동물을 사냥해 먹는 것도 아닌 자신
의 개를 먹게 되었을까? 그 반려견을 섬기고 사랑하면서, 반
려견을 불가피하게 먹은 그 에스키모인의 상황을 신학윤리

는 어떻게 판단할까? 굶어 죽더라도 먹은 것 자체가 죄이기 때문에 옳지 못한 것일까?

음식을 먹는 것에 대해서 깊이 탐구한 생태주의적 윤리 신학자 노먼 위즈바Norman Wirzba에 따르면, 인간을 포함한 다른 피조물들은 '먹는' 행위를 통해 연민과 사랑의 상호존중적인 관계를 형성한다. 위즈바는 신이 피조물로 하여금 먹어서 살 수 있게끔 만들었다고 한다. 모든 피조물은 불완전하기 때문에, 다른 생물의 희생으로 자신이 살 수 있는 것이다. 물론 이는 동물을 상품으로 소비하고 이용하도록 하기 위함이 아니다. 불완전한 각 객체가 필연적으로 상호의존해야 한다는 것을 뜻한다. 그러므로 먹이사슬은 권력 구조가 아니라, 신의 은혜로운 상호의존적 관계다. 생태신학적 관점에서는 인간을 포함한 모든 생명이 다른 생명의 희생을 통해서만 삶을 유지할 수 있기 때문이다.

위즈바는 극한 상황에서 사랑하는 동물을 죽이면서도 그 동물을 섬길 수 있는, 즉 육식의 윤리적 가능성을 보여준다. 동물권에 우호적인 신학자(동물신학적 관점)와 활동가들은 이 주장이 불편할 수 있다. 노먼 위즈바의 주장은, (탈육식에 대한 실천 없이) 인간이 감사하고 베풀기만 한다면, 비인간 동물의 고통을 야기하면서 생존하는 인간의 방식을 정당화하는 것처럼 오인될 수 있기 때문이다.

그러나 위즈바의 논지는 '동물을 먹는 것은 괜찮다'는 뜻이 아니다. '먹는 것'이란 권리의 개념이 아니고, 또 먹힘을 당하는 것이란 착취와 고통의 개념이 아니다. 서로 섬기는 상호관계 속에서, 인간은 동물의 고통을 원할 수 없다. 불완전한 한 생명체가 다른 생명체의 죽음을 받으면 자신이 받은 그 죽음만큼 다른 생명체에게 그 희생을 돌려줘야 한다. 받을 자격이나 권리를 처음부터 가지고 남을 맘대로 죽일 수 있는 게 아니다. 누군가의 죽음을 받을 자격이 있는 존재가 어디 있겠는가?

위즈바의 주장은 기독교의 핵심 메시지인 예수의 죽음의 의미를 담고 있다. 인간을 위해 자신의 목숨을 내어준 예수의 희생이 먹거리에 대한 신학적 해석에 녹아 있다. 먹는다는 것은, 예수가 인간을 위해 희생했으며 인간은 예수의 죽음을 은혜로 받아들이고, 그 희생으로 불완전한 인간이 다른 이에게 희생을 베풀 수 있는 것과 같다. 곧, 어떤 생명을 먹는다는 것은 '은혜', 즉 우리가 감당하지 못할 희생을 받고, 그 생명체의 죽음에 담긴 희생을 되새기며, 다른 이에게 똑같이 그 희생을 실천하는 것을 뜻한다. 자기중심적인 행위가 아닌, 예수의 희생과 같은 사랑의 실천 말이다. (어쩌면, 그렇게 희생하는 것보다 애초에 죽음을 받지 않는 것이 더 쉬울지 모른다.)

그러므로 공장식 축산은 위즈바의 윤리신학에 맞지 않는다. 희생을 당연시한 착취이자 과소비의 시스템이기 때문이다. 결국 동물의 희생을 최소화한다는 점에서 앤드류 린지 등이 대표하는 동물신학(동물에게는 고유한 권리가 있고, 동물을 먹으면 안 된다는 주장)과 생태신학(상호호혜적인 먹이사슬 내에서 인간은 동물을 먹을 수 있다는 주장)은 동일선상에 있다. 동물신학은 동물을 인간과 동등한 위치의 동료 피조물로 섬기며 그들의 고통이 근절되어야 한다고 하며, 생태신학은 다른 존재의 희생의 무거움을 존중하기에 그들의 고통을 근절시키고자 한다. 비인간 동물에 대한 섬김과 존중의 의미가 담겨 있는 동물신학과 생태신학 모두, 인간의 자아숭배로부터 인간을 구원하기 위한 신학이다.

연민과 사랑을 실천하며, 피해를 최소화하고, 어쩔 수 없이 만든 피해에 대해 반성하는 행위는 채식을 하는 사람에게도 필요한 일이다. 이미 현대사회는 다른 동물들의 거주지와 식량을 인간이 독점하고 있는 시스템이기 때문이다.

그러므로 창세기 9장 3절을 단순한 '육식의 허용'이 아닌, '먹는 것으로 시작하는 섬김'으로 해석하는 것이 더 적절하다. 에스키모, 무인도 사람, 저소득층 사람들이 불가피하게 비인간 동물을 먹어야 하는 경우 이런 태도를 갖는다고 생각해보자. 육식을 단순히 '어쩔 수 없는 일'이나, 인간의 우월성에 의한 당연한 식이방식으로 정당화하지 않고, 상호호혜적인 자연 생태와 동물에 대해 더 깊이 감사할 수 있을 것이다. 그리고 동물을 먹을 수밖에 없는 상황에서도, 섬김과 연민으로 채식을 지향하는 삶으로 이어질 것이다. 동식물의 희생으로 자신의 생명을 영위한다면, 인간 역시 그에 준하는 행위로 생태계에 이바지해야 한다.

2부
비건을 지향하며 산다는 것

안백린

1. 손님을 기쁘게 하라, 동물을 기쁘게 하라

비건 셰프 활동가 안백린

나는 '비건 셰프 활동가'이다. 셰프로서 요리를 통해 비건음식과 '동물권'을 전파한다. 나는 셰프이자 동물권 활동가이기 때문에, 육식으로 동물들이 처참히 죽어간다는 사실을 알려야 할 의무가 있다. 동물의 권리를 외치며, 사람들이 더 이상 동물을 소비하지 않도록 설득한다. 그래서 나는 사람들에게 맛있는 비건요리를 소개하면서 동물의 고통에 대한 이야기를 전하고자 했다.

그러나 현실은 참혹했다. 요리사로서 동물의 고통을 말하기가 어려웠다. 당연한 진실을 알리지 못하고, 해야 할 말을 하지 못해 무력감을 느꼈다. 물론 음식이란 강력한 언어와 같다. 하지만 날카로운 말이 아닌 음식으로 동물권에 대해 전달하는 것이 너무 간접적이고 가벼운 방식처럼 느껴지기도 했다. 그래서 내가 '부족한 활동가'인 건 아닌지 고민하기도 했다. 내가 비건 셰프로 활동하면서 느꼈던 두려움과

함께, 끊임없이 나를 괴롭힌 고민과 딜레마에 대해 고백하고
자 한다.

고기를 먹는 손님들이 끔찍해하는 홍보를 해볼까?

언젠가 내가 운영하는 비건 레스토랑에서 "공장식 축산 하
에 내몰린 비인간 동물의 고통은 끔찍합니다. 비인간 동물의
끔찍한 고통을 줄이기 위해 당신이 책임감을 가지고 선택해
야 합니다. 비인간 동물도 같은 동물인 당신과 동등한 권리
를 가지고 있기 때문입니다. 동물을 살리는 이 음식을 선택
해주세요!"라는 문구로 비건음식을 홍보해야 하는가 고민을
한 적이 있다. 사람들이 그런 '불편한' 레스토랑을 자주 갈
까? 그 레스토랑에 가더라도 자신에게 이득이 되지 않는 당
위적인 말은 한 귀로 듣고 한 귀로 흘리지 않을까? 나는 동
물권 강의를 하면서도 이 같은 고민을 여러 번 했다.

　음식점에 위와 같은 문구를 걸어놓는 방법은 '개인'을 꼬
집는 방법이다. 하지만 우리의 현실은 고기를 먹는 '개인'을
비판할 수 있기는커녕, 육식의 구조적 문제조차도 가시화되
지 않는다. 예를 들어 2017년도 뉴스를 강타했던 '살충제 달
걀'이 인간의 건강에 해롭다는 것은 누구나 알지만, 공장식
축산과 과도한 육식 소비가 그 구조적 원인이라는 것은 잘
모른다. 이처럼 공장식 축산의 구조적 문제에 무관심한 육식

지향적인 한국의 사회에서, 그것도 비건 '레스토랑'에서, 동물의 고통을 대중의 눈에 드러내는 행위는 개인의 자유를 침해하는 것처럼 불편하기만 할 것이다.

하지만 정당한 이유가 있다면 정확하게 알려야 한다. '프로불편러'가 되는 것을 감수하더라도 비건음식의 윤리적 당위성을 강조하고, 육식의 자유를 비판해야 한다. 그들이 들어주지 않는 형태의 말하기라도 계속 시도하는 것이 어리석은 행위는 아니다. (고기 식당 앞에서 비인간 동물의 고통을 알려주는 시위 같은 방식은 필요한 일이다.)

그렇다면 비건 레스토랑에서도 그 고통을 알리는 일이 필요할까?

이건 좀 다른 경우다. 누구나 밥 먹을 때는 행복하고 편안한 마음으로 먹고 싶기 때문이다. 나도 도축 장면을 보면서 밥을 먹고 싶지 않다. 불편함과 불쾌함으로 입맛이 떨어져 고기를 덜 소비하듯이, 비건 레스토랑에서도 불편함과 불쾌함으로 (고기를 덜 소비해야지 생각하기보다) 입맛 자체가 떨어져, 당장 눈앞에 있는 비건 레스토랑의 음식이 먹고 싶지 않을 것이다. 비인간 동물의 고통에 기여하고 있는 사람이 채식 레스토랑에서 채식을 유도하는 동물의 고통을 보더라도, 그 채식 레스토랑에 오히려 가고 싶지 않을 수도 있다. 고통은 외면을 불러오기 때문이다.

담뱃갑에 있는 잔인한 폐암 사진도 니코틴 패치에는 붙여놓지 않는다. 니코틴 패치는 행복한 니코틴 보상을 강조한다. 그러므로 동물의 고통, 공장식 축산, 구조의 문제, 육식 비판을 강조하면서 레스토랑에서 비건음식을 홍보한다면 비건 레스토랑은 시장 소비자에게 외면될지 모른다. 그래서 나는 비건요리를 먹는 소비자에게 정당한 이유가 있을지라도 강한 어투로 동물의 고통 이야기를 하지 못했다. 불편하지 않은 '듣기 좋은' 이야기만 할 뿐이었다.

동물을 가시화하지 않는 아름다운 비건음식 홍보를 해볼까?

그렇다면 수많은 회사들이 상품의 이미지를 향상시키고자 긍정적인 홍보를 하는 것처럼, 강한 윤리적인 메시지 대신 '편안하고 맛있고 거부감이 없는 아름다운 음식'이라고 비건음식을 홍보하는 것은 어떨까? 예를 들어 식물성 음식의 장점을 설명할 때, "공장식 축산으로 인한 비인간 동물의 고통을 줄이기 때문에 비건음식이 좋아요"가 아닌, "비건음식은 인간에게 건강한 먹거리를 제공해주기 때문에 좋아요"라고 홍보하는 것이다.

이렇게 비건음식의 이로움과 아름다움을 부각한다면, 고기가 없으면 밥을 못 먹는다는 사람들도 비건음식이 가진 매력을 체험할 수 있을 것이다. 또, 비건음식이 니코틴 패치 같은 '고기 대체품'의 수준을 넘어 고기와 비교당하는 것을 피할 수도 있다. 또, 동물의 고통이나 권리에 대한 윤리성과 당위성이 아닌 취향과 기호로 설득되고, 사람이 할 수 있는 만큼, 원하는 만큼 채식을 지향하는 것으로 의미가 전달된다. 그렇게 채식에 대한 장벽을 낮추고, 좋은 이미지로 채식의 동기를 촉진시킬 수도 있다. 완벽한 채식주의 확산은 아니더라도, 좋은 채식 이미지로 많은 사람들의 삶에서 식문화변화를 조금씩 일으킬 수도 있다.

하지만 이렇게 '자유로운' 채식 지향은 "고기를 조금만 먹는 건 괜찮다. 고기를 먹고 싶은 사람은 고기를 먹어라"라는 메시지로 오인될 수 있다. 비건음식을 먹는 이유가 비인간 동물을 위한 도덕적 당위성이나 강제성보다 '좋은 먹거리'와 '이로움'으로 옮겨지는 것이다. 채식을 선택할 때 비인간 동물의 권리에 대한 책임감과 부채의식을 최소화하는 행위는 동물해방을 위해 소고기나 멸치 조미료를 체크하면서 도시락을 준비하거나, 멀리 있는 채식 식당을 기꺼이 찾아다니는 이들에게, 그리고 무엇보다도 동물들에게, 동물권 활동가로서 매우 미안한 일이다. 그러므로 이러한 전략은 비건 친화적이라고 하기 어렵다. '비건vegan'이라는 단어를 왜곡시켜 비건들을 더 힘들게 하는 것이라고 말할 수도 있다. 이는 동물권 박탈의 심각성을 은폐하며, 육식과 공장식 축산에 대한 문제의식을 흐리게 한다.

'100퍼센트 비건'일지라도, 잡식가들이 불편해하지 않는 방식, '좋은 먹거리, 비건음식'으로 홍보한다면, 결국 잡식가의 비위에 맞춘 트렌디한 '비건 접대 음식'은 아닐까? 결국 비인간 동물의 고통보다 인간의 안위가 우선시되고, 소비자의 행동을 변화시키지 못하는 한낱 소비상품인 건 아닐까? 인간중심 사회를 비판하는 동물권 활동가가 비인간 동물의 권리를 외칠 때, 비건음식을 인간중심적으로, 또는 인간에게 불편하지 않게 홍보하는 것에 모순을 느꼈다.

랍스터를 박살낸 나를 돌아보다

그러던 어느 날 갑자기 나는 나의 사명과 전망을 깨달았다.

　나는 이런 딜레마를 풀지 못한 채로, 프랑스에 있는 고기 굽는 레스토랑의 주방에서 일하게 되었다. 여기서 나는 채소만 만지겠다고 다짐했다. 그런데 나의 딜레마는 곧 절정에 다다랐다.

　어느 날 급박한 주방 상황, 셰프는 나에게 스무 명의 (죽은) 랍스터 껍질을 오 분만에 펜치로 자르라고 했다. "린, 넌 할 수 있어!" 셰프의 사전에 '저항'이라는 단어는 없다. 셰프, 즉 주방장을 제외한 다른 요리사들은 동물권이든 노동권이든 상관없이 주방에서 하루 열여섯 시간 일하는 기계부품일 뿐이었다. 나는 못 한다고 여러 번 말했지만 (그들은 내가 연약한 척하는 줄 알았을 것이다) 결국 부끄럽게 그 상황에 응하게 되었다. 직장에서 살아남기 위해 명령을 받은 사이보

그처럼 일을 수행했다. 비인간 동물의 권리와 일 사이의 내적 갈등이 심해졌지만, 이러한 조건을 수용해야만 내가 여기서 일을 할 수 있다는 걸 뼈저리게 느꼈다.

변화의 목소리에 무딘 주방에서, 나는 변화를 일으킬 힘이 없는 한낱 보조일 뿐이라는 이 현실을 감내해야 했다. 이 상황에서 내가 참으면 동물의 권리에 대해 스스로 은폐하는 일이 되고, 신념을 토로하는 순간 요리를 알지도 못하는 밑바닥 보조가 '나대는' 상황이 되는 것에 무력감이 들었다.

나는 차마 눈을 뜬 상태로 펜치를 누를 수 없었다. 랍스터의 더듬이, 눈알, 뇌, 다리 등을 자를 때마다 나를 보며 발버둥치는 것 같아 머리부터 발끝까지 소름이 끼쳤다. 아무리 지금은 죽은 상태라 하더라도, 한때 복잡한 신경계를 통해 세상을 느끼면서 살았던 랍스터였다. 랍스터의 머리 안에서 빨간색 물이 흘렀다. 혼란스러웠다. "인간의 시체는 경건하게 보호하면서, 내가 무슨 권리로 이 생명체를 박살내며 망가트리고 있는가."

나는 손으로 랍스터를 반 토막 내고 있었지만, 나는 그들을 위해 눈을 감고 기도를 중얼거렸다. 내 손에서 고통의 냄새가 나는 것 같아 죄책감이 들었다. 그러나 소비자에게도 셰프에게도 나는 말 한마디 하지 못했다. 동물권 활동가는 그날 그곳에 존재하지 않았다.

나는 착취를 당연시하는 주방장과 소비자를 원망했다. 내가 그들을 바꿀 수 있는 힘이 없다는 생각에 무력해졌다.

소비자에게 동물의 고통을 알리며 그들을 설득하기 힘들다는 생각에 절망했다. 그리고 무뎌진 사람들의 마음이 나의 미래가 될 수 있다는 생각에 불안했다. 죄책감과 절망감을 안고, 그러나 내가 할 수 있는 것이 무엇일까 계속 고민하며 집으로 가던 중이었다.

죽은 랍스터를 위한 나의 파렴치한 기도를 들어준 것일까? 갑자기 비건 '셰프' 활동가의 딜레마가 해소되었다. 그 랍스터를 박살낸 게 잘한 일이라는 말이 절대 아니다. 딜레마가 해소된 이유는 반대로, (죽은) 랍스터가 처절하게 몸부림치는 것을 눈앞에서 보아야 했기 때문이었다.

랍스터를 살릴 수 있는 수많은 방법

주방에서는 랍스터뿐만 아니라 수많은 동물들의 고통이 전시된다. 비둘기의 모가지, 분해된 생선, 돼지의 분홍 내장, 털을 아직 벗기지 않은 채 목이 걸려 있는 닭, 흐르는 핏물 등. 소비자들은 끔찍해하겠지만, 막상 그 잔인함을 누구보다도 잘 아는 요리사들은 반복되는 요리 작업에 곧 아무렇지 않게 된다. 그리고 나 자신도 점점 무뎌져만 갔다. 하지만 그렇기에 동물권 활동가가 꼭 있어야 할 곳이 바로 주방이었다.

나는 레스토랑의 권위 있는 주방에서 당장 아무도 못 치우는 그 사체를 감히 치워버리고 싶다는 충동을 느꼈다. 그리고 한순간, 내가 직접 그 일을 할 수 있다는 걸 알게 되었다. 보통의 가시화로는 실현할 수 없는, 음식만으로 할 수 있는 것이었다. 내가 만든 비건요리를 사람들이 먹는 만큼, 사람들이 고기를 덜 소비하고 직접 동물의 고통을 줄일 수 있다. 나는 나의 주방장을 바꿀 수 없다는 것에 절망했지만, 역설적으로 고집 불통인 그 셰프를 보면서, 한 셰프가 할 수 있는 일이 많다는 것을 깨달았다.

요즘 한국에서는 채식 수요가 높아지는 데 비해 비건 식당은 희소하기 때문에, 채식을 하면 먹을 게 없다는 결론에 이른다. 그래서 채식을 결심한 많은 사람들이 굶거나, 약간의 육식을 하거나, 아니면 다시 육식을 시작한다. 한국의 1퍼센트 채식주의자를 제외하고는 비건을 지향할지라도 식당에서 고기 요리를 보고 고기의 마케팅에 노출되는 순간, 육식에 익숙해진 입맛에 저항하지 못하는 경우가 다반사다. 그러나 셰프가 비건요리를 맛있게 한다고 결심한다면, 채식을 지향하고 있는 많은 이들의 필요와 욕구를 채워줄 수 있으며, 곧 많은 동물들을 살릴 수 있다.

셰프는 비건음식의 수요도 창출할 수 있다. 바로 셰프가 비건음식을 주류 메뉴로 삼을 때 그렇다. 일반 식당에 비건 옵션이 메뉴에 있을지라도, 필요는 충족시켜주어도 수요를 창출하는 메뉴는 아니다. 에코페미니스트 캐롤 아담스 Carol J. Adams에 따르면, 육류 옵션과 다르게 '비건'은 '비주류'라고 한다. 메뉴판에서 '비주류'임은, 보통 특식이 아니라 가장 저렴한 기본 메뉴이거나, 곁들여 먹는 사이드(감자튀김이나 샐러드)이기 때문에, 그 식당에서 미식적으로 충분히 즐길 수 있는 옵션들로 보여지지 않는다. 비건메뉴는 보통 맛없고 배 안 차는 풀떼기이거나, '요리'라고 할 수 없는 탄수화물(떡, 감자, 밥, 오이만 들어 있는 스시 롤)만 있는 경우가 많다. 또는, 완전한 요리에서 주 동물성 재료를 빠진 게 전부인 경우도 있다. (바지락 파스타에서 바지락을 뺀다든지, 알밥에서 알을 빼기만 하고 내놓는 것이다.)

미슐랭 스타 레스토랑에서도 채식 옵션이 주류 옵션만큼 맛있지 않다. 그 요리사가 요리를 못해서가 아니라, 그만큼 채소를 맛있게 만드는 데 신경을 쓰지 않기 때문이다. "샐러드는 집에서나 해먹지"라며 사람들이 더 맛있고, 종류도 다양한 '주류'인 고기메뉴를 소비하고 싶은 것은 당연하다.

그러므로 사람들이 고기의 유혹으로 갈팡질팡할 때, 셰프가 비건옵션을 주 메뉴로 선정해 정성을 기울여 만들고 적극 홍보한다면, 수요를 채워주기만 하는 것이 아니라, 수요까지 창출할 수 있다. 다양하고 맛있는 주류 비건요리라면 소비자는 육류를 먹고 싶은 마음이 들더라도 기꺼이 비건음식을 선택할 수 있을 것이다.

또 셰프는 비건에 대한 감수성이 있는 요리사들을 많이 양성할 수 있으며, 그 결과 더 다양하고 편리한 비건 레스토랑, 또는 질 높고 맛있는 비건요리가 생길 것이다. 이런 방식으로 자연스럽게 비건 식사의 빈도수는 높아질 것이다.

지금 내가 할 수 있는 최선의 일

그동안 나는 원하는 만큼 동물권을 전파할 수 없어서, 사람들을 변화시킬 수 없어서, 요리를 통한 동물권 활동은 간접적인 활동 같아서 답답했다. 그래서 지금까지 고통받고 있는 동물을 구제할 방법보다, 사람(신념을 지키고 싶어 하는 나 자신, 그리고 설득을 시키고 싶은 사람)에만 집중해왔던 것이다.

그런데 처참히 부서져간 랍스터를 보며, 내 활동의 목적과 내가 당장 할 수 있는 직접적인 실천 방법들이 보였다. 나는 당장 살아 있는 생명을 나의 주방에 들여놓지 않아, 그들을 직접 살리는 것이었다. 또 그렇게 아름다운 비건음식을 선사하는 것이 윤리적 당위성만으로는 도달할 수 없는, 그러나 꼭 필요한 채식의 수요 면적을 공략하기 위한 핵심 전략이기도 했다.

이 방식은 고통을 가시화하지 않기에, 가볍고 간접적이라고 생각할 수 있지만, '사체 없는 레스토랑'을 만들어나간다는 것은 혁명이며 마치 도살장 없는 작은 나라를 세우는 일임을 잊어서는 안 된다. 나는 내가 직접 그 고통을 줄여주는 실천을 할 수 있고, 내 행위로 비건음식의 수요를 채워주고 창출할 수 있다고 생각했다. 비록 쓴소리를 못하는 비건 활동가일지라도, 나는 이 방법에 확신이 들었다. 누군가를 바꿀 수 없어 절망감을 느낀 적이 있는가? 결국 말이나 행동으로 타협 또는 협상할 수밖에 없는 당신의 모습에 죄책감이 드는가? 때로는 무력한 자신, 너무 절망스러운 현실을 인정하면서, 우리의 시점을 랍스터와 동물들의 시점에 동일시해보면 어떨까? 어쩌면 당신이 당장 할 수 있는 일이 무엇인지 생각날 수 있다. 비인간 동물의 고통을 줄이기 위한 방식을 다양하게, 그리고 세심하게 고민할 수 있다. 나의 고민과 삶 속에서 고민해서 나온 그 방식을 실천했을 때, 행복한 보상, 에너지 그리고 기쁨까지 얻을 수 있을 것이다.

지금 나는 고기로 만들어진 음식보다 비건음식을 사람들이 선택할 수 있도록 요리 연구를 하고 있다. 이 방식으로 동물과 인간이 모두 행복하게 공존할 수 있도록 노력하는 것은 내가 할 수 있는 실천 방법 중 가장 잘하는 일이며, 고로 최선의 일이다. 비건 셰프 활동가로서 나는 "고기를 조금 먹는 것은 괜찮다"는 생각이 아니라 "채식이 더 아름답고 유쾌하고 맛있다"라는 신념을 매혹적인 음식이라는 언어로 전하고 싶다. 그리고 이 일로 나도, 내 주변인들도 그리고 동물도 행복하게 하고 싶다.

2.   할머니는 만족하지만 '멸치'에게는 너무 예의 없는 행위?

멸치의 생명권?

할머니의 갑작스러운 방문으로 집안이 분주해졌다. 먼 길을 오신 할머니에게 식사를 대접하려고 엄마는 물을 끓이기 시작했다. 육수를 내기 위해 비건인 나에게 엄마는 "할머니가 좋아하시는 멸치를 써도 될까?"라고 질문했다. 나는 멸치를 식재료로 사용하는 것을 거부했고, 그런 나의 모습은 MBC 다큐멘터리 〈세상기록 48〉을 통해 방영되었다.

방송 중 시청자들을 자극했던 부분은 멸치의 눈이었다. 할머니에게 멸치 국수를 하자고 한 엄마에게, 멸치 눈을 보면 불쌍하지 않느냐고 물었기 때문이다. 방송 후 대다수의 댓글은 "멸치의 생명권은 존중하면서 왜 할머니의 멸치를 먹을 수 있는 선택권을 존중하지 못하는지" "멸치까지 먹지 말아야 하냐" "멸치 때문에 가족이 분란을 일으켜야 하는지" 등 비난이 대부분이었다. 이러한 비난은 대체 어디에 근거할까?

한국인 밥상의 기본 재료이자 서민 음식인 멸치는 개나 돼지와는 다르다. 혹 개와 돼지는 먹지 않는다 할지라도 멸치까지 생명의 관점으로 비추거나, 인간이 먹어서는 안 되는 것으로 비추는 것에 대한 불편함이 클 것이다. 동시에 팔십 평생 멸치를 드셔온 할머니에게 멸치의 생명권을 주장하는 것은 '강제 채식' 또는 '민폐'로 느껴질 정도로 과하다는 생각도 작용하는 것 같다. (그날 점심, 비건 셰프인 나는 가족 모두가 만족했던 식물성 '고기 국수'를 요리해드렸지만, 시청자들은 그 과정에서 위화감을 느낀 것 같다.) 이는 먹고 싶은 것을 먹지 못한다는 것, 당장 쉽게 활용할 수 있는 재료를 사용하지 못하게 한다는 것, 그리고 육식을 하고 있는 약간의 죄책감 등 복잡한 마음과 함께 자신이 윤리적으로 판단 받고 공격을 당한다고 느끼기 때문이기도 하다.

멸치테리언이었던 나, 멸치 입장을 생각하다

봉준호 감독의 영화 〈옥자〉에서의 옥자의 마음이 관객들의 공감을 얻고, 개고기를 반대하거나 건강한 채식을 지향하는 사람들이 많아지는 것과 달리, '멸치의 생명'은 아직도 논쟁거리다. 나도 한때 한국에서는 먹을 게 없다는 이유로 멸치 육수를 포기하지 못하고, 스스로 '멸치테리언'이라고 자칭하기도 했다. 말라 비틀어진 멸치가 아닌, 통통하고 생각보다 큰 몸체에 반짝이는 하늘색의 비닐로 살랑살랑 바다를 헤엄치는 멸치들에 대한 나의 생명 감수성은 여전히 부족했던 것이다.

어느 날 비건 활동가로서 나는 멸치의 입장을 곰곰이 생각해보았다. 이런 의인화가 부적절할 수도 있겠으나, 멸치 입장에서는 '멸치 없는 국물' 요리를 요구하는 것은 너무 당연하다. 그러나 나는 '멸치의 생명권도 존중해야 한다'(더 강한 어투로 '멸치를 살해하지 말라')는 메세지를 전달하기보단 멸치 없는 국수를 '친절하게' 요리해서 대접하는 방식을 택했다. 일단 할머니에게 미안하기도 했고, 멸치가 없어도 맛있다는 것을 입증하고 싶었기 때문이다. 멸치보다 할머니의 입맛을 생각하는 것이 예의 바를 수 있지만, 멸치 입장에서 이것은 '과한 친절'이며, 너무 '예의 없는' 행위다.

그럼에도 불구하고 개고기와 사람고기와 다르게 우리는 멸치고기는 먹어도 된다고 생각한다. 사람, 개, 돼지보다 멸치는 더 약자다. 멸치가 죽을 때 경험하는 고통과 폭력은 고려되지 않는다. 만약 내가 멸치라면, 아니 멸치가 나라면, 얼마나 억울할까?

다른 여러 나라에서는 의사들이 채식으로도 충분한 영양 섭취가 가능하고 오히려 더 건강한 생활을 할 수 있다고 널리 교육한다. 그리고 건강한 채식인도 많다. 육식 또한 영양학적으로 불가피한 것이 아니라, 취향, 습관, 또는 쾌락으로 인식되는 경우도 많아서, 비건에 대한 다큐멘터리도 많고 잘 알려져 있다[20]. 비인간 동물의 고통, 환경과 건강의 부담, 그리고 개인의 책임감을 보여주기 위해 덴마크의 정치인들이 앞서서 비건을 실천하기도 한다.[21] 스웨덴에서는 100퍼센트 비건으로, 만 6세에서 15세 사이의 학생이 다니는 학교를 열었다.[22]

또 비건을 함으로써 먹고 싶은 음식을 먹지 못하는 불편함이 있을지라도, 그것이 동물에게 고통을 주고 죽여야 하는 정당한 이유는 아니다. 채식을 하기가 쉽지 않은 사회 구조에서, 완전채식을 해야 한다고 강요할 수는 없다. 그러나 채식만으로 건강한 영양 상태를 유지할 먹거리와 그에 대한 지식이 풍족한 시대에, 육식을 쾌락적인 목적으로 하는 것은 윤리적 선택일까? 사실 자유는 무엇이든 개인의 마음대로 할 수 있는 무한정한 자유가 아니다. 예를 들어 길가에 쓰레기를 버릴 때, 지나가는 사람에게 소리를 지르고 도망칠 때, 분리수거를 하지 않을 때, 누군가에게 고통과 피해를 초래하지 않도록 법이나 윤리규범 등은 이러한 행위를 제재한다.

그래서 나는 당당하게 "한국인 밥상의 기본 재료인 멸치까지 먹지 말자!"고 외치며 나 자신 외의 타인의 멸치를

20   넷플릭스 다큐멘터리 〈우리 몸을 죽이는 자본의 밥상〉이 대표적이다.

21   *Nicole Morley, "Politicians in Denmark are going vegan to tackle climate change", METRO, 2017.*

22   *Anna Starostinetskaya, "SWEDEN OPENS ITS FIRST ALL-VEGAN SCHOOL", Vegnews, 2019.*

먹을 '자유'에 도전해보았다. 그러나 이는 생각보다 쉽지 않았다.

멸치에게 예의를 갖춘다는 것

하루만이라도 멸치까지 뺀 완벽한 채식을 해보자고 한 나의 권유에 많은 사람들은 자유를 침해받은 양 불편한 느낌을 받는다. 멸치를 먹지 않는 것에 대한 사람들의 편견도 이겨내기 어려웠다. 당장 외출 시 먹을 수 있는 음식이 크게 한정되었다. 과연 어디까지, 언제까지 먹지 않고 버틸 수 있을지 갈수록 어려워졌다. 더 큰 문제는 멸치의 생명권에 대해 동의하는 사람들이 너무 적다는 것이다. 취향을 존중하라는 말도 엄청 들었다. 그때 나는 사람들의 표정과 분위기를 보면서 크게 반발하지 못했다.

멸치는 작기 때문에 죽여도 되고 소와 돼지는 크기 때문에 생명이 존중받아야 할까? 멸치의 생명권 존중은 취향에 따라 정해지는 것일까? 그럼 개의 생명권도 취향에 따라 결정될까? 사람들이 멸치를 가려 먹기 힘들다는 이유로, 동물권 활동가인 내가 멸치의 입장에서 말할 수 없는 걸까? 음식이 한정된다는 이유로, 멸치 또는 다른 고기를 먹는 것은 옳은 걸까? 누군가 인간의 뼈와 살점을 넣고 육수를 끓였다면, 그 상황의 사정에 상관없이 비난하지 않을까? 나는 성추행에 관해서는, 성추행이 만연한 정치 구조에 사람들이 놓여져 있다 하더라도, 가해자에게 도전과 비판을 거침없이 하고 있지 않은가? 성추행에는 그렇게 민감하면서, 멸치에 대해서 강력하게 저항하지 않는 나는 정말 멸치의 생명권을 무시하고 있는 것이 아닌가? 멸치에 대한 나의 외면을 나는 합리화하고 싶은가?

물론 저소득층이 어쩔 수 없이 육식을 하는 상황과 남성의 성추행을 비교하는 건 무리가 있다. 하지만 자신의 요리를 자신이 선택할 수 있는 충분한 자본과 위치가 뒷받침이 되더라도, 많은 사람들은 쾌락을 즐기기 위한 이유로 육식을 선택한다. 비인간 동물이 '고기'로 팔려가면서 겪게 되는 수많은 고통은 전제하지 않고서 말이다.

우리는 '마음대로 할 수 있는' 인형이나 자위도구를 가해자에게 선물해주면서, 사람을 성추행하지 말고 성적 욕구를 대체하라고 하지 않는다. 그런데 나는 고기를 먹지 말라고 설득하기 위해 비채식인에게는 맛있는 비건요리를 해준다. 또한 나는 성추행 가해자의 불가피한 상황을 이해하려고 하지 않지만, 비채식인에게는 "그들은 몰랐겠지, 알았어도 바꾸기 힘들었겠지, 나도 한때 그랬었지"라며 관대한 태도를 보인다. 심지어 성추행을 편안하게 하라고 하지 않지만, 사람들이 나(비건 활동가)의 존재를 너무 불편해할 때면, 나는 그들에게 "고기를 편안하게 드세요"라고 말한 적이 있다. 저소득층이 불가피하게 육식을 하는 경우가 아님에도, 나는 이러한 태도를 보인다. 여러 고기 요리를 먹으러 다니는 나의 친구와 선생님들에게도 나는 크게 저항하지 못한다.

약자나 소수자라는 이유로 비인간 동물(돼지 같다), 채식인(단백질이 부족해서 이상하다), 동물권 활동가(까칠하다)를 향한 부당한 비난을 흔하게 목격하면서도, 나는 그들을 비판하기를 꺼려했다. 그로 인해 나의 소심함과 용기 부족을 탓하게 되었고, 일종의 활동가 자격 심사에서 나 자신을 탈락시켰다. 왜 동물권 활동가인 나는 멸치(그리고 육식)를 소비하는 사람을 비판하기 어려울까?

멸치에게 예의를 갖추기는 무섭다

나는 나 자신의 모순을 풀기 위한 문제에 직면했다. 그동안 내가 설득력이 없거나 이유가 없어서, 또는 다양한 사람들의 맥락을 내가 이해하고자 했기 때문에 비판하지 않은 것이 아니었다. 음식을 마음대로 선택할 수 있는 강자이자 다수를 비판하기가 어려웠던 것이다. 그래서 그들의 관심 밖에 있는 멸치를 대변하기보다 그들과 '비폭력적'으로, 그리고 수동적으로 소통하고 비건음식을 '대접'하는 것이 편했다.

성추행 가해자를 비판할 수 있는 것도, 피해자에게 책임을 돌리던 몇 십 년 전의 상황과 다르게, 여성의 목소리가 점점 높아지면서 가능할 수 있었다. 미투 운동이 사회적 파급력을 가진 큰 운동이 된 주요한 동력 중 하나는 오랜 세월 여성의 권리를 위해 폭력과 차별에 저항해 싸워왔던 여성들의 노력 덕분이다. 그러나 아직까지도 성평등을 신장하기 위한 길은 멀게 느껴진다. 하물며 채식과 동물권·환경 등의 인식이 높지 않은 한국에서 방금 고기를 먹고 나온 다수를 저격하는 것은 무리에 가까웠다. 폭력과 차별에 저항해야 하는 용기와 노력이 필요하다는 것을 알지만, 나는 두려웠다.

나는 이처럼 두려워하는 사람이다. 나에게 비판의 여부는 피해 사실뿐만 아니라 권력의 맥락에 의해 결정되었다. 나의 비판의 강도는 부당함(동물들의 고통)의 정도와 비례하기보다, 두려움이라는 감정에 달려 있었다. "이 사람을 비난했을 때 나는 안전할까? 고기를 만드는 대기업을 비난하면, 나의 미래는 안전할까? 고기를 먹는 할머니, 목사님, 교수님, 나의 자식을 비난하면, 이후 관계가 손상되지 않을까?" 하는 두려움이 나를 지배했다. 그리고 한때나마 고기를 먹었던 나 자신의 과거를 매몰차게 비난하지 못했던 것도, 윤리적 자존심이 훼손될지도 모른다는 두려움이 앞섰기 때문이다. 그 주체가 누구든 비판하지 못하는 나의 모순의 주된 이유는, '권력'에 자유롭지 못했기 때문이다.

멸치에게 예의를 갖추는 방법을 찾다

모든 인권 운동가들은 스스로가 소수자나 사회적 약자이거나 그런 집단을 위한 활동을 함에도 불구하고, 불편한 눈초리와 비난을 비롯한 온갖 걱정거리에 신경 써야 한다. 단순하지 않은 현실 속에서, 소위 '좋은 일'을 위한 운동일지라도, 그 운동은 모두를 만족시킬 수 없는 불완전한 운동이기 때문이다. 이 두려움 때문에 사람들은 다른 사람들과 연대해서 활동을 한다.

나의 경우 이 딜레마는 없어지지 않았다. 아직도 나는 사람들을 직면해서 비판할 용기가 부족하다. 하지만 나는 딜레마를 직면하면서 인내심과 꿈을 만들고 있다. 비인간 동물들의 고통을 보면 참을 수 없지만, 사람들이 자신을 직면하여 육식을 그만둘 용기를 갖는 것은 시간이 걸린다는 것을 배웠다. 마찬가지로 권력에 도전할 나의 용기도 시간이 걸린다는 사실을 인정하고 있다. 그리고 비건 셰프 활동가로서의 꿈이 생겼다. 나는 비건요리로 사람들에게 식도락을 선사할 정성, 인내, 그리고 실력을 쌓으면서, 요리를 통해 비인간 동물의 생명권, 인간과 비인간 동물의 상호 존중에 대해서 소통하고 싶다. 이 의지와 열정을 가진 자가 곧 사회적 강제력을 가진 자보다 더 강한 권력자라고 생각한다.

당신의 딜레마는 무엇인가? 자신을, 또는 상대방과 사회와 직면할 용기가 없는가? 진정으로 묻고 싶다. 그 딜레마를 직면할 의지와 열정이 있다면, 지금은 용기가 없더라도, 당신은 당신만이 할 수 있는 활동으로 언젠가 그 사회적 강제력을 이길 것이라고 믿는다.

3. 치느님 신도를 유혹할 수 있는 선악과 나무는 존재하는가

고기를 섬기는 사람들에게 '순식물성 고기'를 소개해주다

"고기는 진리다."

"고기 없으면 못살아!"

"치느님!"

사람들이 북적거리는 가로수 길에서 고기에게 예배를 드리는 문구들은 비인간 동물의 비명을 처참히 묻어버렸다. 이때, 비건 셰프이자 동물권 활동가인 나의 자존감도 함께 묻혔다. 셰프의 '제1미션'은 고기를 좋아하는 소비자의 식도락까지도 만족시키는 것인데 나는 그럴 수 없었기 때문이다. 나는 그들의 만족감을 위한 셰프이기도 하지만, 비인간 동물의 고통을 항상 고려해야 한다. 그렇다면 나는 가짜 셰프일까? 소비자와 비인간 동물을 전부 고려할 수는 없을까?

그러던 어느 날 나는 희망을 보았다. 일주일에 세 번은 치킨을 시키던 오빠가 내 요리를 먹고 질문했다.

"너는 비건이라더니 새우는 왜 먹어? 비건은 새우를 먹나보구나!"

오빠는 내가 해준 순식물성 간쇼새우를 맛있게 먹고 정말 진짜 새우라고 착각했다. 나는 조용히 있었다. 결국 오빠는 순식물성 새우인 것을 몰랐고, 다른 날에도 먹고 또 속았다. 또 설날, 우리 가족은 비건 친화 제사상을 차렸는데, 작은할아버지와 이모부가 순식물성 갈비꼬치를 먹었다. 채식하는 이모에게 권했지만 이모는 고기인 줄 알고 먹지 않았다. 그럼에도 갈비꼬치는 싹쓸이되었다. 이게 고기가 아니라는 말을 하자 모두가 놀랐다.

2017년 여름, 크루즈 파티에서 콩고기 바비큐를 했을 때에도 사람들이 "왜 생고기가 있냐"고 진지하게 물었다. 엄마의 친구들도 콩고기의 식감이 놀랍다며 선입견이 깨졌다고 했다. 아이들에게 주겠다며 콩고기를 포장해 가는 사람도 생겼다.

나는 사람들이 식물성 고기를 맛있게 먹는 것을 보면서 새로운 '고기의 진리'를 배웠다. 육식의 만족감이 비인간 동물의 육체 그 자체 또는 동물성 DNA에 있지 않다는 것을 알았다. 그것은 '고기'라 불려지는 것의 맛, 식감, 향, 지방 비율에 있었다. 음식과 음료 소비자 행동을 연구하는 덴마크의 MAPP 연구소의 그러너트 외 연구진들도 소비자의 행동을 연구한 결과, 고기가 매력적인 이유는 그 자체의 특별한 식감과 맛 때문이라고 말했다.

그런데 많은 고기는 소스에 재워진다. '고기는 소스맛'이라는 말처럼, 우리는 고기를 양념에 오래 재고 각종 향신료를 가미한다. 구운 후에도 갈비소스, 양념 치킨, 소금, 후추, 기름장 등을 버무려 먹는다. 고기의 냄새를 제거하고 부드럽게 하기 위함이다. 생고기만의 냄새와 맛보다 소스에 절인 고기가 더 인기가 많다면, 그리고 소스 맛과 식감을 재현할 수 있다면, 고기 소비자와 비인간 동물 모두를 만족시키는 것이 가능하지 않을까?

고기를 먹으려면 진짜 고기를 먹어야지,
왜 가짜를 먹어?

그럼에도 진짜 고기가 아니면 먹고 싶지 않다는 의견이 많다. 맛이 비슷한데 굳이 왜 고기가 아닌 고기를 모사한 음식을 먹느냐는 것이다. 또 고기와 완전 똑같지는 않다며 기피하거나, 맛이 비슷하다는 것을 믿으려고 하지도 않는다. 이처럼 한국에서는 채식이 아직 낯설다. 내가 가족들을 속인 사건은 마치 '기적'처럼 믿기지 않아 한다. 그러나 다른 나라는 사정이 다르다.

미국, 베를린, 호주, 태국 등에서는 나 또한 비건음식을 먹고 "정말 고기가 아니냐"고 여러 번 물어보기도 했다. 베이컨, 아이스크림, 휘핑크림, 마요네즈, 치즈, 요거트, 생선, 스테이크, 닭가슴살, 삶은 계란, 샥스핀, 오징어, 육포 등이 순식물성으로 만들어지고 식물성 우유만 50가지가 넘는다. 미국 로스앤젤레스의 '에라휜Erewhon'이라는 친환경 슈퍼는 진열대의 거의 절반이 순식물성 제품이었으며, 그 종류는 저렴한 순식물성 음식부터 250그램 요거트 하나에 3만 원짜리인 프리미엄 브랜드까지 각양각색이었다. 나는 그날 순식물성 음식 종류가 너무 많아 가슴이 벌렁벌렁해 단 한 제품도 장바구니에 담지 못했다. 외국에서는 이렇게 고기 소비의 여파는 없지만, 고기 맛을 담은 식물성 대체육을 매우 만족해하며 소비한다.

선진국의 비건 시장은 급속도로 성장 중이다. 미국에서는 자신이 비건이라고 밝힌 사람들이 최근 3년 만에 600퍼센트 상승했고, 2017년 새로운 푸드 트렌드로 '비건'은 탑 리스트에 올랐다. 스웨덴의 슈퍼마켓 '옥스푸드Axfood'의 홍보담당부서 책임자인, 클라스 살로몬손Claes Salomonsson도 "채식 음식 판매가 작년에 비해 160퍼센트 올랐고, 수많은 비채식인 조차도 채식 음식을 먹는다는 것을 알게 되면서 채식이 아주 트렌디하다는 것을 눈치챘다"고 말했다. 여러 나라의 대중들은 식물성 음식이 건강식, 다이어트 식품, 간편식, 풀떼기처럼 맛없는 음식이라는 편견을 이미 넘어섰다. 트렌드를 앞서가는 소비자에게 맞춰 많은 기업이 식물성 고기를 매번 진화시켜 그들을 만족시키고 있다.

미국의 대형 슈퍼마켓 '홀푸드Wholefood'에서 일주일 만에

'퀀'의 사이트에서 광고하는 식물성 너겟

'임파서블 푸드' 사이트에서 광고하는 임파서블 버거

매진이 된 '비욘드 미트Beyond Meat'의 100퍼센트 식물성 소시지는 그 비주얼, 식감, 맛, 향에서 지금까지 육식과 채식을 하면서 먹은 어떤 소시지보다 훌륭하게 나의 미각적 욕망을 채웠다. 식물성 단백질이기에 질기지도 않고 돼지 특유의 비린내도 없었다. 전 세계적으로 식물성 대체식품으로 유명한 '임파서블 버거Impossible Burger'의 소고기맛 패티와 '콘Quorn'의 치킨 너겟은 고기를 즐겨했던 남성들이 극찬했다. 특히 임파서블 버거는 2011년도에 스탠포드 의대 생화학 교수가 창립하여 2016년도에 첫 제품을 출시했으며, 첫 제품 출시 3년 만에 IPO를 달성할 정도로 많은 소비자에게 사랑을 받았다. 행사 당일 약 만 명이 참가한 '먹자, 마시자, 비건(EAT, DRINK, VEGAN)'페스티벌에서는 '템플 오브 세이탄Temple of Seitan'과 '허비보러스 부처Herbivorous Butcher'에서 팔았던 순식물성 치킨은 가장 빨리 매진되었다.

그 당시 만났던 친구의 말이 생각난다.

"어떤 사람들은 비건이 식도락을 좋아하지 않는다고 생각하는데, 비건은 사실 엄청난 음식 애호가야! 비건음식이 얼마나 많은데!"

한국 사람이 썩 내켜 하지 않는 '비건음식'이 왜 다른 나라에서는 인기가 많을까? 새로운 음식을 기피한다는 의미의 '식품기신증Food Neophobia'은 어느 나라에나 있다. 그럼에도 불구하고 외국의 많은 사람들이 비건음식에 대해 마음을 연 이유는 (비슷한 맛과 식감도 있었지만) 바로 익숙한 고기의 모습 때문이었다. 식품회사는 익숙한 고기의 형상을 모방하는 이유를 이렇게 설명했다. "많은 대중들이 이 제품을 어떻게 이용하는지(먹는지) 이해를 돕고, 이제까지 고기를 먹어왔지만 비건에 관심 있는 소비자들에게 (식물성 음식을 먹는) 가이드라인을 제공하기 위함입니다."

음식 분석학자 엘저만Johanna E. Elzerman의 연구에 따르면 소비자들은 식물성 고기 대체식품의 맛과 식감보다 음식의 모양과 형태·외관·생김새가 보여주는 맥락을 더 중요하게 고려한다고 한다. 그 요소들이 그 제품을 소비자에게 긍정적이고 익숙하게 상기시켜 새로운 음식에 대한 수용성을 높이기 때문이다. 식물성 단백질을 튀긴 순식물성 요리가 인기가 많았던 것도 사람들에게 익숙한 '치느님'을 연상시키기 때문이다.

혹시 '낯섦'이 비건음식을 기피하는 이유가 아닐까? 그래서 맛보지도 않고 맛없을 것 같다고 생각하는 이유가 아닐까? 실제로 비건음식의 맛과 식감이 뛰어나고 고기와 비슷하더라도, 고기가 아니라는 것을 아는 순간, 그 음식이 말하는 식사의 맥락과 이미지가 고기보다 덜 익숙하기 때문에 기피한 건지 모른다. 우리가 고기와 똑같은 맛을 찾는 것도 그것이 익숙하기 때문이다. 순식물성 음식이 익숙하며 맛있는 식사처럼 제공되고, 맛과 식감까지 비슷하다면, 시도해보지 않을 이유가 무엇이랴.

필자가 운영하고 있는 밀레니얼 사찰음식 레스토랑 〈소

식)에서도, 이렇게 항상 음식을 먹을 수 있다면 비건을 할 수 있다는 비채식인 손님이 다수 있었다. 대체육과 순식물성 가공식품 시장에 뛰어든 국내 스타트업뿐만 아니라, 국내 대기업들도 식물성 음식시장에 뛰어들었다. 오뚜기에서 출시한 소이마요네즈, 롯데에서 출시한 미트레스 치킨너겟과 치킨가스, 롯데리아의 고기 없는 버거, 동원이 단독 수입한 비욘드미트, 스무디킹이 출시한 비건 머핀과 음료, 농심이 출시 예정인 대체육, 대체계란, 샘표가 출시한 채소육수와 조미간장 연두 등 끝이 없다. 대체육과 순식물성 음식이 낯선 한국 사람들도 몇 년 안에 익숙해지지 않을까 싶다.

치느님을 재현하며 오는 고민들

그러나 많은 사람들에게 사랑받는 고기를 모방한 식물성 대체육에는 또 다른 문제가 있다. 첫째로, 많은 채식주의자들이 식물성 제품이 고기처럼 보이거나 고기 맛이 나는 것을 원하지 않는다. 고기의 맛과 식감이 싫거나, 이런 대체식품이 '고기는 좋고 따라 해야 하는 것'이라는 메시지를 전달하여 사람들이 오인할 수 있기 때문이다. 치킨을 모사한 음식을 생산하는 것은 마치 '치느님'을 섬기는 또 하나의 방식인 것 같기도 하다. 순식물성 음식을 고기와 비슷하게 만들고 고기처럼 '맛있게' 만들수록, "맛있는 순식물성 음식은 고기만큼 맛이 좋고 훌륭하다"는 생각이 자리잡을 수 있다. 결국 고기가 가장 좋고 맛있는 식재라는 편견을 강화하기도 한다. 좋은 맛의 기준이 고기가 되기 때문이다.

또한 동물고기가 '고통의 잔여물인 시체'로 인식되지 않는 일반적 관념을 보존할 수도 있다. 이는 의도치 않게 동물권의 심각한 본질을 가리고, 공장식 축산의 소비를 전혀 지적하지 않기에 (육류를 생산하는 기업이 대체육도 생산할 수 있는 이유다.) 오히려 동물에게 가해지는 폭력에 대해 무감하게 만들 수도 있다. 고기를 보며 고통으로 생산된 음식이라는 생각을 가져야 하는데, 식물성 재료를 고기처럼 만든다면, 그 고기의 육질은 더욱 비인간 동물의 고통과 잔인함과 연결되는 것을 방해하고, 오히려 '맛있다'는 쾌락과 연결된다. 예를 들어 도축하는 것보다 동물 인형의 목을 자르는 것이 재밌다고 홍보하는 것은 잔인함을 쾌락으로 숨기는 것과 마찬가지다.

둘째는 건강의 문제다. 식물성 고기를 만들기 위해 관행적으로 사용되는 재료가 글루텐이다. 밀가루의 단백질인 글루텐은 셀리악 병을 가진 사람들뿐만 아니라 그 병이 없는 사람들에게도 장내 통증, 팽창, 피로, 변의 불균형을 일으킨다는 연구가 있다.[23] 그 메커니즘은 아직 밝혀지지 않았지만,

23   Jessica R Biesiekierski, "Gluten causes gastrointestinal symptoms in subjects without celiac disease: a double-blind randomized placebo-controlled trial." The American journal of gastroenterology, 2011.

글루텐에 대한 장내 건강(과민성 대장 증후군)과 정신건강(피로, 우울증) 사이의 관계에 대한 과학 연구는 활발하게 이루어지고 있다. 글루텐뿐만 아니라 식물성 고기라는 대체식품에는 고기의 맛을 내기 위해 많은 합성첨가물, 인공향신료 및 정제 성분들이 들어가 다른 가공식품이랑 뭐가 다르냐, 그리고 동물성 고기보다 더 나쁘지 않느냐는 논쟁도 있다.

셋째는 친환경의 탈을 쓴 식물성 고기가 아니냐는 주장이다. 대체육에 자주 사용되는 콩은 GMO인 경우가 있으며, 동물의 피 맛을 재현하기 위해 동물성 피의 유전자를 합성하는 유전자 조작도 일어난다. 식물성 재료에 또 자주 사용 되는 것은 '팜오일'인데, 팜오일 플랜테이션으로 그 숲의 생태계와 그 숲에 살고 있던 야생동물의 거주지가 파괴된다. 팜오일 플렌테이션은 숲을 파괴시키면서 거대 면적의 농장을 확대하고, 농장 관리에 사용되는 제초제·살충제 등이 수로를 통해 강을 오염시키기도 한다. 그래서 환경과 동물권의 가치가 상실되기도 한다.

그래도 채식을 선택하는 당신은?

그럼에도 불구하고 사람들이 대체육을 소비하는 이유는 육식보다 이롭기 때문이다. 우리의 총 환경적 영향에는 음식 생산이 대략 20~30퍼센트를 차지하고 있다. 고기와 동물성

안백린 셰프가 만든 순 식물성 스시, 계란 노른자와 수박 육회

제품 생산은 기후 변화에 크게 영향을 미친다. 공장식 축산으로 길러지는 수많은 가축들이 온실가스를 배출하는 것만으로 대기가 심각하게 오염되기 때문이다. 고기 섭취를 줄인 식단은 2050년까지 탄소 배출을 줄이는 비용을 50퍼센트 줄일 수 있다.[24] 이러한 이유로, 폭염을 실감하면서 우리의 소비 패턴이 바뀌듯, 고기를 좋아했던 많은 소비자들은 식물성 고기에 지갑을 열기 시작했다. 물론 야채 그대로를 최소한의 요리와 가공을 통해서 먹는 자연식물식whole-food diet이 건강과 환경에 가장 좋은 것은 알고 있지만, 한 번에 고기와 비슷한 맛을 포기하는 것은 쉽지 않다.

우리가 고기를 먹게 되는 이유에는 단지 맛과 식감뿐만 아니라 복합적인 문화적 요인도 있다. 소비는 사람들의 라이

24 Elke Stehfest, "Climate benefits of changing diet", Climatic Change Volume 95, springer, 2009.

프스타일과 가치를 보여준다. 문화, 생활양식, 가치, 음식에 대한 태도와 같은 심리적 요인은 맛과 같은 감각적인 요인만큼 주요하게 소비에 작용한다. 많은 이들은 동물복지와 건강 및 체중 조절, 환경 등의 요인이 도덕적 또는 감성적으로 작용해 채식을 선택한다.

점점 늘어나는 건강·환경가치 소비에 대한 관심을 충족하기 위해 글루텐 프리, NON-GMO, 무팜유, 유기농, 로컬푸드(환경 보호와 생산자의 안정적인 소득구조 창출, 소비자의 안전한 먹거리 확보로 생산자와 소비자의 신뢰성을 형성하고 지역경제 발전 등에 기여하는 사회적 움직임), 홀푸드 자연식물식(채소나 곡물을 최대한 가공하지 않고 자연 그대로를 먹는 식생활) 의 가치를 최대한 반영한 순식물성 제품이 늘어나고 있다. 필자도 캘리포니아 요리학교에서 호두와 버섯을 주재료로 고기의 형태, 식감, 맛과 향을 비슷하게 재현했다.

이러한 가치 소비로 사람들이 스스로를 정체화함에 따라 환경의 미래가 달라진다.

고기를 모방하는 게 좋은지 나쁜지는 여전히 동물권 활동가로서 풀리지 않는 고민이다. 그럼에도 식물성 육류 대체제품이 비채식인들에게 '치느님'의 테두리에서 벗어날 수 있는 유일한 방법일지 모른다. 익숙하고 맛깔스러운 비주얼로 그들의 눈에 띌 식물성 고기는, 끔찍한 도살장 동영상을 보여줘도 끄떡없이 '치느님'을 찬양하는 사람들과 채소 혐오자들까지 유혹할 것이다. 이는 마치 선악과나무와 같다. 선악과

나무는 맛깔스럽고 익숙한 모습으로 그들을 매혹시켜 무엇이 옳고 그른지 알게 해주는 나무로 알려져 있다. 식물성 고기는 우리의 건강과 환경, 동물복지에 대해 (선악과나무처럼) 옳고 그른지 알게 해주고, 음식을 어떻게 먹을지 가이드라인을 준다.

만약 순식물성 고기가 동물고기보다 더 맛있게 만들어진다면, 환경, 건강, 윤리적 가치를 실천할 수 있는 소비를 치느님 신도들도 마다할 이유가 없다. 순식물성 고기는 동물고기가 '제일' 맛있다는 진리를 깨트리고 동물, 환경과 건강, 그리고 소비자까지 만족시키는 이상을 실현할 것이다.

4. 우리는 무심한 걸까, 아무런 생각이 없는 것일까

실사판 테트리스

"실사판 테트리스." 미국에서 로스엔젤레스 피그 세이브^{Los An-}geles Pig Save[25]라는 동물권 활동을 하다가 갑자기 이 단어가 떠올랐다. 도살장으로 끌려가기 직전의 돼지들에게 물을 주는 활동을 하면서 왜 이 단어가 생각났을까? 공장식 축산으로 자라난 돼지들이 타는 듯한 온도를 견디며 2층 트럭에 흡사 테트리스처럼 차곡차곡 채워져 있었기 때문이다.

최대 48시간 동안 미국을 가로지르는 트럭에서 물도 음식도 화장실도 없이 견딘 그들의 목말라하는 표정, 그리고 도살장에 끌려가는 마지막 눈빛이 아직도 눈앞에서 어른거린다. 공장에서는 하루에 5,000명에서 8,000명의 돼지가 24시간 일 년 내내 도축된다. 테트리스 오락기에 동전만 넣으면

---

25 도살장으로 가기 직전에 트럭 안에서 오랜 시간 동안 목마름, 더위, 추위, 위생 문제 등으로 힘들어하는 동물에게 물을 제공하는 운동이다. 한국에도 'seoul animal save'가 있어서 '돼지 구조'라고 번역하지 않았다.

활동가들이 돼지가 갇혀 있는 우리에 물을 넣어주고 있다.

끊임없이 쏟아지는 블록처럼, 지금 이 순간에도 우리의 소비를 통해 돼지들은 계속 트럭에 쌓이고 비워진다. 나는 그들에게 물을 주며, 눈을 마주보고 그들의 피부를 만졌다. 약 15분 후 빈 트럭을 보니 마음이 쓰렸다.

내가 마음으로 교류한 돼지들은 가족과 친구, 교회 사람들의 치아로 뭉개져 뱃속으로 밀어넣어질 것이다.

나의 뇌는 혼란스러운 상상들로 가득 찼다. 돼지들의 피와 살에 각인되어 있는 그들의 고통이 사람들의 배 속으로 들어간다. 셰프가 악감정을 가지고 침을 툭 뱉은 음식처럼, 돼지의 악몽이 함축된 '고기'라는 음식이 나에게는 끔찍하게만 느껴졌다. 나와 교류한 돼지를 씹는 사람들의 입안을 보면 소름이 끼쳤다.

오빠는 고기의 맛이 좋아서 계속 먹는다고 한다. 아무리 먹어도 살이 안 찌는 사촌언니는 귀찮은데 고기를 구워 먹으면 아주 편하게 배를 채울 수 있어서 좋다고 한다. 어떤 사람들은 고기 그 자체보다 '비싸다, 귀하다, 힘 나는 음식, 남자의 음식, 대접음식, 특별한 날에만 먹는 음식'이라는 의미와 상징이 좋다고 한다.

최고급 레스토랑의 고귀함이 산산조각 나는 순간

상상해보자. 당신은 지금 미슐랭 3스타 고급 레스토랑에 앉아 있다. 이 레스토랑의 인테리어는 크리스털 샹들리에와 엄선된 조각품으로 아름답게 장식되어 있다. 세계 10위 안에 손꼽힐 정도로 유명한 셰프는 당신에게 다양한 맛을 선보이기 위해 테이스팅 메뉴[26]를 준비한다.

그 테이스팅 메뉴는 1인당 40만 원이다. 당신은 훌륭한 애피타이저를 먹고 이제 메인 메뉴를 기다리고 있다. 그 요리는 매우 귀하고 특별한 날에만 준비해드린다며, 전문 소믈리에가 그 요리와 잘 어울리는 고급 프랑스 와인을 따라준다. 드디어 메인 요리가 나온다. 왕실에서 쓰였던 아름다운

---

26   주로 코스로 다양한 음식을 제공하는 서비스. 레스토랑에서 가장 고급지고 가격이 높은 서비스다.

푸아그라 요리

간을 갈취 당하는 오리

접시에 우아하게 플레이팅되어 있다. 주재료는 부드러운 식감과 풍미를 자랑하고 고급 요리에서 자주 사용되는 세계 3대 진미다.

바로 푸아그라 요리다. 부드러운 미소로 셰프는 요리를 만드는 과정을 설명한다.

66

이 푸아그라는 프랑스 정통 가바주Gavage방식으로 만들어집니다. 오리의 부은 지방간, 푸아그라를 만들기 위해, 효율적으로 간이 부어오른 수놈만 특별히 고릅니다. 이 오리들은 3~4개월 동안 하루에 3회 집중적으로 먹이를 주입합니다. 금속 파이프나 튜브를 오리 목 안으로 넣습니다. 파이프의 버튼을 누르면 공기 압력 효과로 0.45 킬로그램의 사료가 3초 만에 주입됩니다. 이렇게 강제로 엄청난 양의 먹이를 주입하면, 2주 만에 간이 배 속의 3분의 2가 될 정도로 부어오릅니다. 보통 오리의 간보다 열 배 커지는 겁니다. 이런 강제로 인해 오리는 간 기능 악화, 순환장애, 신경장애, 소화장애 등의 질병을 얻습니다. 비대해진 간이 폐를 압축시켜 숨 쉬는 것조차 힘들어집니다. 급여 과정에서 먹이를 토하거나 모이 주머니가 터져서 죽는 경우도 다반사입니다. 손님, 당신만을 위해 오리의 간을 요리했습니다.

"

만약 당신이 이런 설명을 들었다면, 아름다운 접시와 레스토랑에서 먹는 그 푸아그라를 행복하게 먹을 수 있을까? 아무리 귀하고 비싼 요리일지라도, 사람들은 가슴 한구석에 불편함을 느낄지 모른다. 여기서 '맛, 특별함'은 손쉽게 깨진다는 것을 알 수 있다. 공장식 축산의 잔혹함도 푸아그라가 만들어지는 과정과 별 다를 바가 없다. 프랑스에서 푸아그라를 금지하지 못하는 이유도 바로 그 때문이다. 푸아그라를 금지한다고 하면, 공장식 축산을 왜 금지하지 않느냐라는 질문이 빗발칠 것이기 때문이다. 그렇다면 우리는 무엇까지 먹어도 괜찮을까?

강아지, 아기 인간, 아기 닭, 아기 돼지

편의점에서 간편하게 구입한 햄버거를 한입 먹었다고 해보자. 두툼하고 맛있게 야들야들하게 구워진 패티의 맛이 평소

먹던 햄버거와 다르다. 그래서 햄버거 포장을 보니, 그 고기는 강아지 마티즈의 고기다. 이 순간, 많은 사람은 혐오감에 햄버거를 뱉어버릴 수도 있다. 설령 그게 맛있었을지라도 사람들은 혐오스러웠다고 기억할 것이다. 왜 굳이 강아지로 햄버거를 만드는지 의문을 던지면서.

진실은 모르지만 인간고기가 가장 맛있다는 설이 있다. 그렇다면 내가 성형외과에서 지방흡입을 한 후 버려지는 나의 허벅지 지방 살이 아까워, 계란 프라이를 그 기름에 구웠다고 해보자. 영화 〈파이트 클럽〉에서도 지방흡입시술 후의 지방으로 비누를 만든다. 이를 보고 많은 관객들이 경악했지만, 영화는 인간의 지방으로 비누를 왜 만들면 안 되는지 의문을 던진다. 실제로 공장식 축산에 의해 피해 받는 동물과 달리 주인에게서 자발적으로 꺼낸 기름이고, 성형외과 의사도 그 기름을 아무렇지 않게 만진다. 이러한 당위성·실용성·효용성에도 불구하고, 그리고 맛이 훌륭할지라도, 계란 프라이를 사람의 신체에서 흘러나온 기름으로 튀긴다면 누구라도 먹고 싶지 않을 것이다. 왜 굳이 인간의 지방을 사용하냐고 의문을 던지면서.

이것도 진실이 아닐 수도 있지만, 인간고기 중에서 아기 고기가 가장 부드럽다는 말이 종종 떠돌고는 한다. 그렇다면 오지에서 사고로 막 죽은, 아무도 모르는 아기를 살이 굳기 전에 (땅에 묻으면 아깝다는 이유로) 가죽을 벗기고 살점을 떠서, 누군가에게 말없이 구워서 먹였다고 해보자. 사람들은 그 사실을 알면 미쳤다고 치를 떨 것이다.

인간과 마티즈를 음식 재료로 삼는 건 부적절하고, 다른 동물은 적절할까? 사실 가까운 과거에 한국에서 개고기를 스스럼없이 먹고는 했다. 하지만 요즘 들어 한국에서도 많은 사람들이 개고기를 먹는 것을 비난한다. 반려견을 개즙으로 만든 사건[27]도 단순히 '개 절도 사건'이라고 생각하지 않고 윤리적인 충격을 주는 사건으로 받아들인다. 맛, 실용성, 편리함, 효용성, 절약 등과 상관없이 개에게 일어난 사건을 끔찍하다고 느끼기 때문이다.

하지만 고래고기, 녹용 한약, 장어즙은 여전히 건강을 지킨다는 이유로 자주 소비된다. 만약 사람들이 장어를 반려 식구로 생각하거나, 장어가 우리와 깊게 관계되어 있다면, 장어를 먹는 것도 혐오할 것이다.

사실 강아지즙이나 강아지햄버거는 싫고, 장어즙, 소고기햄버거가 좋은 것은, 장어와 소에 대해 잘 모르기 때문이 아니다. 강아지가 아니더라도, 그들이 살아 있는 동물인 것을, 그리고 그들을 기르고 죽이는 것이 얼마나 참혹한지 알고 있다. 다만 강아지가 아니기 때문에 그들이 죽는 과정이 얼마나 참혹한지를 구체적으로 연결지어 생각하지 않을 뿐이다.

---

27 "다른 이의 소중한 반려견을 '개소주'로 만들어버린 54세 남성이 받은 형량", 『허핑턴 포스트』, 곽상아 기자, 2018.5.9.

이처럼 우리는 사고로 불가피하게 죽은 인간 아기는 먹지 않지만, 30일 동안 살아 있던 아기(닭), 6개월 간 살아 있던 아기(돼지), 그리고 2년 동안 살아간 아기(소) 등의 아기 동물을 공장에서 고통스럽게 길러 먹는다. 인간의 허벅지 기름으로 튀긴 음식, 돼지 뒷다리살 고기, 아기들의 시체, 개고기가 무엇이 그렇게 다르길래, 특정 동물은 고통을 주면서까지 먹고, 어떤 동물은 부가되는 고통이 없는데도 먹지 않을까?

"동물들이 아프겠다…하지만 맛있으니 어쩔 수 없지"

고기의 모순은 일상생활에 스며들어 있다. 치약에 가습기 살균제가 들어간다며 논란이 일어나고, 폐암을 이유로 미디어나 정부에서 금연 운동하며 건강을 신경 쓰지만, WHO에서는 빨간 고기와 가공육이 제1그룹 발암물질로 선정되었음에도, 대부분의 한국인은 고기를 먹는다. 고기 역시 담배처럼 생명을 해칠 수 있는데, 담배갑처럼 발암을 경고하는 잔인한 사진이 고기 포장지에 박혀 있기는커녕, 녹차를 먹인 무항생제 돼지가 행복하게 푸른 들판에서 뛰노는 사진이 실린다. 그림 속 동물이 도축장에서 죽어간다는 사실은 묵인된다.

또 사람들은 유튜브에서 귀여운 동물을 감상하며 그들이 행복했으면 하는 마음을 갖는다. 교회에서는 사랑을 통한 봉사가 종교의 실천이라고 강변하기도 한다. 평소에는 좋은

덕목을 갖는 것이 사람의 기본적인 도리라고 끊임없이 배운다. 그래서 모든 사람들은 자신의 소중한 지인에게 좋은 음식을 대접하기 위해 고기를 사용한다. 하지만 고기를 대접하는 행위는, 본질적으로 동물의 고통을 이용해 사람의 배를 부르게 하는 행위다. 소중한 지인들에게 '고기'를 대접하는 건 절대 아름다운 행위가 아니다.

사람들은 "채식" 하면 먹을 게 없다고 하면서 고깃집에 들어간다. 고깃집에서 된장국 식사로 배를 채울 수 있음에도, 고기부터 구워 먹는다. 누군가는 일부러 '무한리필'을 해주는 고깃집만 찾아가기도 한다. 이는 식도락을 포기할 수 없기 때문이라고 하는데, 때론 다이어트를 위해 식도락을 포기할 의지를 보이기도 한다. 하지만 그 이유는 자신의 외모, 건강, 맛에 대한 욕구가 동물의 생명과 고통보다 더 우선시되기 때문이다. 또 사회에서는 이와 같이 욕구를 채우는 소비행위가 굉장히 평범하고 일상적인 것으로 자리잡았다. 이런 선택은 대개 순식간에 이루어진다.

이 순간의 소비행위로 일 년에 약 10억 명의 동물이 죽어 나간다[28]. 그 생명의 무게가 무겁게 느껴지지 않는 것은, 육식의 문제가 사회구조적으로 은폐되기 때문이다. 나 역시 과거에는 '나쁜 의도'가 있어서라기보다는 나의 욕구와 현실적 편의 때문에 고기를 소비했다. '평범한 음식'에 대해 아무

---

28   2017년 농부축산식품부 통계.

런 생각이 없었고 나의 욕구들보다 동물의 고통과 부조리함이 피부로 와 닿는 기회가 많지 않았다. '맛, 실용성, 편리함, 효용성'을 채식으로도 충분히 가질 수 있는 상황이었음에도, 나는 '여태껏 그냥 고기를 먹어왔으니까'라는 관습적 생각과 육식주의적 음식 문화에 맞춰 고기를 먹었다.

나의 모순을 직면하면서

육식주의적 관습과 규범에서 벗어나면, 일상의 선택에서 모순된 지점이 끝없이 보인다. 이 시선은 동물들의 삶과 고통을 공감하는 데서 온다. 이전까지 고기가 소비되는 환경의 끔찍함을 몰라 많이 먹어왔을지라도, 그 끔찍함을 통감한 사람들은 동물을 먹는 과정 자체를 불편하게 느끼기 시작한다. 인간은 끊임없이 이어져온 관습에 익숙하지만, 다른 한편으로 맛과 기존 규범만으로 살지는 않기 때문이다.

한때는 흑인 노예제도와 유대인 학살, 남성의 성폭력 등이 자연스럽게 받아들여지고, '필요'하다는 이유로 정당화되던 시절이 있었다. 시간이 지나면서 그 정당화는 터무니없는 것으로 밝혀졌다. 동물에게 자행되는 행위 역시 마찬가지다. 고기가 몸과 마음을 즐겁게 해줄지 몰라도, 한 동물을 조금만 사려 깊게 관찰한다면, 우리는 동물이 인간과 동등한 '생명'을 가지고 있다는 걸 알게 될 것이다. 도축장과 레스토랑이 먹는 이에게 동물을 죽이고 요리하는 과정을 숨기는 이유도 바로 거기에 있다. 외국의 셰프들이 떳떳해지기 위해 요리 과정에 많은 변화를 주는 것 역시 같은 이유다.

우리는 '맛'으로만 살지 않는다. 그렇기에 인간을 먹지 않고, 반려견을 사랑하고, 사랑하는 가족과 애인과의 유대감을 갈망한다. 이 유대감을 갈망하며, 지금껏 배를 채우기 위해 자행해온 그 모순을 되새김질해볼 수 있을 것이다.

5. 우리는 육식의 마케팅에 속고 쾌락에 갇혀 있는가

정신병원과 마케팅의 감옥

입원은 원하는 대로 할 수 있지만 한번 들어가면 모든 걸 통제당한다. 항상 감시하는 자들의 말만 들으며 살아야 하고, 죄가 없거나 건강할지라도 퇴원은 자기 맘대로 할 수 없다. 밥에서 벌레가 나와도, 믿었던 의사가 지어준 졸로프트^{Zoloft}[29] 처방전에서 부작용이 일어나도, 환자의 의견은 절대 반영되지 않는다. 때로 환자는 몸뚱이가 묶여 있어야 한다. 감시자들이 원하는 방식으로 가장해야 하거나, 심각하게 몸이 아파야만 나올 수 있는 그 곳. 내가 미국에 있을 때 공부했던 한 정신병원의 모습이다.

나에게 '육식의 마케팅'은 바로 그 정신병원에 사람을 가두는 과정과 같다. 처음에 우리는 자발적으로 육식을 한다. 맛, 영양, 쾌락 등등의 조건을 따라서 말이다. 하지만 먹고 싶지 않아도, 먹은 후 속이 더부룩해지더라도, 우리는 육식을 끊지 못한다. 우리는 주변 사람들을 비롯해 인터넷, 텔레비전, 대중교통, 길거리의 수많은 간판들, 라디오에 의해 세뇌 당한다. 내가 정말 좋아해서 먹고 싶은 것인지, 외식할 때 먹을 게 고기가 먼저 보여서 먹고 있는지 모를 정도로, 우리 주변은 '육식 마케팅'으로 둘러싸여 있다. 나는 채식을 하던 중에도, 버스 안에서 무한반복으로 본 치킨 광고가 눈앞에서 맴돌아 어쩐지 주문해야 할 것 같은 충동을 느낀 적이 있다. 우리의 몸뚱이는 육식에의 갈망과 세뇌에 속박 당하는 것이다. 더욱이 육식 중심적 사회에서 고기를 적게 먹거나 채식을 하면, '힘이 없다' '사회성 없다' 등의 잔소리를 들으며 살게 된다.

나는 종종 먹자골목에 가서 고기를 주로 내세운 음식점의 비중을 헤아려보곤 한다. 내가 가본 수많은 먹자골목에서 90퍼센트가 넘는 식당이 고기를 식당의 주 메뉴로 걸어놓았다. 단순히 주 메뉴일 뿐만 아니라 온갖 고기 냄새와 침샘을 자극하는 사진들로 가득하다. 이런 환경에서 사람들은 걸어 다니기만 해도 육식에 설득 당한다.

심지어 대중매체는 더 과하다. 유명 연예인이 온갖 종류의 고기 광고를 하고, '먹방'이 채널을 돌릴 때마다 나온다. 반면, 채식을 하는 연예인과 공인은 축산업계의 질타를 받는다. '자연이 주는 힐링 휴양지'(소가 힐링을 하는 것처럼 보이지만, 사실 한우가 인간에게 주는 힐링 휴양지라는 뜻이다.) 횡성은 언제나 푸른 들판 위에서 뛰노는 소들만 광고에 사용한다.

(횡성에서는 소를 대부분 방목하지 않는다.) 배달앱을 통해서 치킨을 주문하면 0원인 이벤트를 하기도 한다. 그 배달앱 대표는 '치믈리에' 이벤트를 열고 『치슐랭 가이드』라는 책을 출판한다. "치킨은 살 안 쪄요" "오늘 먹을 치킨을 내일로 미루지 마라"와 같은 캐치프레이즈가 온갖 광고판을 도배하고 있다.

집 근처 지하철역에는 내 키보다도 더 큰 크기의 한우 광고가 몇 년째 이어지고 있으며, 텔레비전 광고에서도 국내산 고기에 대한 광고를 흔하게 볼 수 있다. 하지만 한우협회·한돈협회·양계협회에서는 실제로 고기가 국내에서 어떻게 생산되는지에 대한 정보와 국산이 왜 수입산보다 좋은지에 대한 설명 없이, 무조건 국내산이 좋다고 말한다. 이 수많은 고기들은 정말 '국산'이라고 칭하기도 어렵다. 우리는 해외 수입 고기를 국내산으로 판매하다 걸리는 경우를 자주 뉴스에서 접한다.[30] 설령 진짜 국내산 고기일지라도, 많은 부분의 사료는 수입곡물이다. 사료시장 점유율 1위인 하림그룹에서 연간 수입하는 곡물만 300만 톤에 육박한다.[31] 그리고 우리나라 돼지는 대부분 랜드레이스·요크셔·듀록의 장점만을 뽑아낸 일명 'LYD교잡종'이다. 세계 돼지시장의 대부분을 차지하는 LYD교잡종은 성격이 온순해 컨트롤이 쉽고 새끼를 많

30   "외국산 소·돼지고기 국내산 속여 판 도축업자 구속영장", 『경북매일』, 심상선 기자, 2019.3.26.

31   "하림그룹 국내 사료시장 1위 부각…하림 강세", 『이데일리』, 김대웅 기자, 2019.4.23.

이 낳고 살이 빨리 쪄, 6개월 애기 돼지일 때 도축된다. 그래서 도축 시 정육률이 높다고 한다.[32] 이렇게 돼지 종의 다양성이 적어지면, 전염병이 퍼질 가능성이 높아진다. 같은 종의 돼지들은 한 번에 전염되기 쉬워, 이후 살처분의 문제로도 이어진다. 반면 재래돼지는 약 1년 1개월 동안을 키운다.

한국에서 키운 LYD교잡종이 왜 수입산 LYD교잡종보다 좋은지는 불분명하다. 그리고 과연 이 고기를 '한돈'이라고 할 수 있을까? 콩을 수입해서 한국에서 콩기름을 짜면 국내산 콩기름일까? 이렇게 마케팅이 보여주는 건 일부분일 뿐이다.

또한 우리는 (의학적 근거와 무관하게) 고기가 몸에 좋다는 말을 시도 때도 없이 듣는다. 한 예능에서는 "미세먼지가 심한 날 삼겹살을 먹으면 좋다"(이 속설에는 과학적 근거가 없다.)[33]는 말을 하고, 뉴스에서는 "환절기 건강 챙기는 고단백 돼지고기"(붉은 고기 섭취는 대장암 확률을 높인다.)[34]라는 말을 한다. 나는 엄마와 할머니로부터 "고기를 먹으면 시험공부 할 때, 더울 때 힘이 난다"라고 평생 들어왔다. 반면 채식에 관한 의학적 사실들에 대해서는, 채식에 대한 고정관념으

32   "돼지의 다양성을 허하라", 『한국농정』, 홍기원 기자, 2019.4.14.

33   "'미세먼지 많은 날 삼겹살 먹으면 좋다' 속설…사실은?", 『매일경제』, 한경우 기자, 2019.3.10.

34   "매일 먹는 베이컨 한 줄, 대장암 발병 위험 높여", 『하이닥』, 윤새롬 기자, 2019.4.23.

로 인해 믿지 않은 경우가 많다. 채식은 건강상으로 부족한 식단이라는 편견이 작용한다.

콜린 캠벨Colin Campbell 박사의 『무엇을 먹을 것인가』는 무려 8,000가지 이상의 통계자료를 바탕으로 쓴 책이다. 그는 이 책에서 단백질, 특히 동물성 단백질을 숭배하는 현대의 영양학을 비판한다. 이런 연구에도 불구하고, 심지어 (건강한 채식에 대한 의학적 지식이 없는) 한국의 어떤 의사들은 철분과 같은 특정한 영양소를 먹으려면 꼭 고기를 먹어야만 한다고 주장한다.

내가 채식을 한다고 말했을 때, (내가 변비가 심하다는 것을 알고 있던) 한 의사가 꼭 먹어야 한다며 처방해준 철분제는 말의 비장이나 돼지의 피에서 추출한 것이었다. 나는 동물성이라는 것을 알기 전에, 이 철분제를 복용한 후 그 부작용인 변비가 너무 심해서 도저히 먹을 수 없었다. 하지만 메릴랜드 의대에서 임상적으로 입증된 비건 철분제를 먹었을 때는 변비가 없어서 자주 먹을 수 있었다. 한국의 많은 의사가 건강한 비건 식이요법에 대해서 잘 모르는 것은 안타까운 사실이다.

한국에서는 동물성 섭취의 필요성을 강조하는 의학계와 제약회사의 마케팅과 조언이 많이 존재한다. 이러한 조언과 속설이 항상 과학적 근거로 뒷받침되는 것은 아니다. 내가 미국 로스엔젤레스, 파리 밀라노에 있을 때는, 이와 반대되는 이야기를 들으면서 지냈다. 의사도, 약도 비건 친화적이었다.

오히려 동물성 섭취를 최소화하고 순식물성으로 채우라고 조언을 받았다. 그 후 한국에 돌아온 나는 고기에 대한 무분별한 마케팅의 늪에 잠겨 있는 일상으로부터 '강요'를 당해야 했다.

반면, 채식에 대한 강요는 한국에서 거의 없었다. 오히려 육식의 늪 속에서, 한때 나는 고기가 몸에 맞지 않아도 먹어야 할 것 같은 의무감에 사로잡혔다. 물론 태어난 지 23일밖에 안 된 병아리, 돌도 안 지난 아기돼지들을 먹은 것은 내가 주체적으로 선택해서 소비한 행위라고 보기 힘들다. 기계 공장에서 찍어내 기업의 '이익에 최적화된', 자발적 선택의 여지가 없는 사료인 고기를, '아주 좋다'고 하는 마케팅에 세뇌당해 먹은 것이다. 이렇게 느낀 것은 고기를 한참 먹고 난 후 알게 된 손해들 때문이다.

균과 약이든 햄버거, 계란, 우유

고기를 잘 익혀 먹으면, 햄버거 병을 피할 수 있을까? 완전식품이라는 계란과 우유는 정말 완전할까?

아동의 건강을 위협했던 일명 '햄버거 병(용혈성 요독 증후군)'은 주로 소의 변을 통해 오염된다. 이는 'E. coliO157: H7'이라는 박테리아가 전염되어서 신장 기능의 저하로 몸에 독소가 쌓이는 질환이다. 이 질환은 사망률이 굉장히 높다.

소에게 곡물을 먹였을 때, E. coliO157: H7 박테리아는 더 강하게 발산되며, 건초를 먹였을 때 그 박테리아의 발산이 줄어든다는 연구가 있다.[35] 풀보다 곡물을 먹인 소가 용혈성 요독 증후군에 걸릴 가능성이 높다고 해석할 수 있다. 소에게 살을 빨리 찌우기 위해 탄수화물 함량이 높은 곡물을 먹이는데, 이로 인해 소와 인간의 건강 모두가 위험해진다.

다진 고기에는 용혈성 요독 증후군을 일으키는 대장균만 있는 것이 아니다. 항생제로도 죽일 수 없는 슈퍼박테리아가 존재한다. 외국에서 환자들에게 항생제 처방을 최소화하는 이유가 바로 여기에 있다. 항생제를 과도하게 사용했을 때 항생제에 면역이 생긴 슈퍼박테리아가 발생할 확률이 매우 높기 때문이다.

동물들이 빽빽하게 들어차 좋은 위생을 갖추지 못한 축산공장에는 질병이 전염되기 쉽다. 그래서 축산동물에게 항생제가 과용된다. FDA에 따르면 항생제의 80퍼센트는 가축에 쓰인다고 한다.[36] 또 항생제를 쓰면 23일 만에 병아리가 다 자란 닭만큼 커지고, 아기돼지가 어미돼지와 같은 크기가 된다. 뿐만 아니라, 축산동물이 먹는 곡물 비료에 뿌려진 항

35   Diana E Thomas · Elizabeth J Elliott, "Interventions for preventing diarrhea-associated hemolytic uremic syndrome: systematic review", BMC Public Health, 2013.

36   Kalyani, "Global Antibiotic Free Meat Market To Offer Increased Growth Prospects For Manufacturers.", HERALD SPACE, 2019.

생제도 축산동물의 소화기관을 통해 흡수된다.[37]

항생제의 과용으로 지난 25년간 슈퍼박테리아의 출현은 갈수록 잦아지고 있다. 한 네덜란드의 연구에서는 샘폴로 채집한 소, 돼지, 닭의 살에서 슈퍼박테리아 MRSA[methicillin-resistant Staphylococcus aureus]가 발견되었다고 했다.[38] 독일의 연구는 적어도 10퍼센트의 전염병이 축산동물과 관련된 MRSA 때문이라고 한다.[39] 무항생제 축산동물까지도 비슷하게 발견된다는 연구도 있다.[40]

라면, 스크램블, 비빔밥, 토스트, 간장계란밥 등 자취생의 인기 음식이자 고급요리에서도 자주 사용되는 '완전식품' 계란도 마찬가지다. 닭은 A4 용지 한 장 크기도 안 되는 철창 안에서 비위생적인 밀집사육방식으로 길러진다. 이 와중에 닭에 붙는 진드기를 죽이기 위해 살충제가 사용된다. 야생 닭은 땅에 몸을 문지르거나 발로 모래를 뿌리며 몸에 붙은 해충을 떨어트린다. 반면 축산 닭의 진드기는 살충제로만 제거한다. 살충제를 사용하는 방식이 가장 싸게 먹히고, 계

37   John A Hudson, "The agri-food chain and antimicrobial resistance: A review.", Trends in Food Science & Technology, 2017.

38   E De Boer et al, "Prevalence of methicillin-resistant Staphylococcus aureus in meat.", International journal of food microbiology, 2009.

39   Cuny Christiane, Lothar H. Wieler, and Wolfgang Witte. "Livestock-associated MRSA: the impact on humans.", Antibiotics4.4 , 2015.

40   Ashley M O'Brien et al, "MRSA in Conventional and Alternative Retail Pork Products", Plus one, 2012.

란의 단가를 상승시키지 않기 때문이다. 살충제를 쓰지 않고 닭을 풀어놓고 기르는 친환경 농장도 살충제로 인해 흙과 물이 이미 오염된 곳이 많다. 그래서 친환경 농장에서 유통된 계란 중 살충제 계란이 발견되기도 한다.

2017년 한국 계란에서 허용 수치보다 훨씬 높게 검출된 피프로닐Fipronil과 비펜트린Bifenthrin은 우리 몸에 치명적이라고 뉴스에 보도되었다. 세계보건기구에 따르면 피프로닐은 몸속에 들어가면 구토, 복통 등을 유발하고, 다량 섭취할 경우 간과 신장 등에 영향을 끼칠 수 있다고 한다. 독일연방위해평가원에 따르면, 경구 또는 피부를 통해 흡수된 피프로닐은 급성 독성이 있으며 쥐의 경우는 후손에게도 신경독성과 간독성이 관찰됐다고 설명했다. 또한 비펜트린은 미국환경보호청이 발암물질로 분류했다. 살충제는 음식, 화장품, 공기에 노출되어 있는 독성 물질 중 하나일 뿐이다. 수많은 독성물질들은 우리의 환경을 크게 위협하고 있다.

키가 커지고 몸에 좋다는 우유도 비슷하다. 나는 초등학교 때 우유를 의무적(사실 벌과 폭력을 수반한 강제에 따라)으로 먹었다가, 수업 중간에 창피함을 억누르며 화장실로 달려가야 했다. 그 후로 나는 우유를 가방에 몰래 숨겨두었다. 지금도 우유는 과민성 대장 증후군이 있는 내 몸에 맞지 않는다. 과민성 대장 증후군이 있는 사람들은 우유의 카제인 프로틴과 고기에 든 단백질에 민감하게 반응한다. 완전식품이라고 알려져 있는 우유에 든 카제인 단백질은 과민성 대장 증후군이 있는 사람에게는 대변의 염증 표지를 증가시켰다는 연구 결과가 있다.[41] 카제인이 장내 염증을 일으키고 대장 증후군을 더 악화시킬 수도 있다는 것이다. 내가 지금까지 고생하고 있는 걸 생각하면, 강제로 먹었던 우유에 한이 맺힌다. 안타깝게도 누구도 처음부터 이러한 문제를 나에게 알려주지 않았다.

맛있어서 먹은 것이 자발적 선택인가

내 단짝 친구는 채식 옵션이 있는 미국 대학에 다닌다. 친구는 그럼에도 고기 메뉴를 주로 선택한다. 고기가 맛있어 보이고, 먹는 게 일반적이기도 하고, 습관으로 굳었다고 한다. 그런 '일반'적인 소비에서 벗어나는 게 힘들다고 한다. 하지만 그녀가 습관적으로 고기를 소비하는 건 자발적인 동기에 의한 걸까?

사람들은 몸에 맞지 않아도, 살충제가 들어 있을 수 있다고 의심하면서도 햄버거, 계란밥, 크림빵은 맛있다고 먹는다. 나는 슈퍼박테리아가 들어 있는 동물의 살을 친구가 먹으며, 이유도 모른 채 사망으로까지 이끌 수 있는 전염병의

41   Antonio Carroccio et al. "Fecal assays detect hypersensitivity to cow's milk protein and gluten in adults with irritable bowel syndrome.", *Clinical Gastroenterology and Hepatology*, 2011.

위험을 피하지 못할까 두렵다. 완전식품이라고 믿고 매일 계란을 먹다가 살충제를 피하지 못했던 것처럼 말이다.

고기 소비를 대체할 건강한 대안책이 정말 가까이 있는데도, 친구가 대안책을 선택하지 않는 이유는 다름 아닌 '육식 마케팅' 때문이다. 무엇보다 육식 마케팅은 육식의 대안책은 무엇인지 호기심을 가질 기회를 차단한다. 육식과 그 대안책에 대해 내 몸과 마음이 원하는 것이 무엇인지 객관적 정보에 따라 사고하고 감정적으로 경험할 기회보다, 특정한 정보가 무분별하게 들어온다. 육식 마케팅은 대중이 맛과 가격에 현혹되어 보이지 않는 위험에 대해 충분히 알지 못한 채 고기를 소비하게 하는 것이다. 이는 주체적이고 자발적인 소비가 아닐지 모른다. 하지만 공장식 축산으로 인한 문제들이 고기 마케팅만큼 사람들 머릿속에 채워진다면, 사람들은 단지 '익숙한 맛'을 찾기 위한 욕구와 소비를 멈출지 모른다. 기업의 이익에 따라 동물들이 상품화되어 어린 나이에 학살당하는 현장 속 진실을 교육받고 직시하게 된다면 말이다.

6. 나 역시 쉽게
연민을 망각한다

타자의 고통에 얼마나 민감한가?

지나가는 아이가 넘어져서 울고 있다. 대부분 사람들은 측은
해하며 그 아이를 일으켜 세울 것이다. 그러나 정육점 유리
창 너머 걸려 있는 소고기에 대해서는 대개 측은해하지 않
을 것이다. 나 역시 한때는 그랬다. 정육점에 진열된 고기들
은 그저 내가 먹어야 할 식량이자 고깃덩어리에 불과했다. 상
추쌈에 구워 먹으면 맛있겠다고만 생각했을 뿐, 그 이외에는
어떤 생각도 들지 않았다.

내가 채식주의자라는 것을 밝혔을 때, 사람들이 가장 듣
고 싶은 말은 바로 "저도 멸치 국물을 먹어요"이다. 맛과 배
고픔이 우선인 것을 공감 받고 싶어서다. 그래서 채식주의자
가 되기 전, 누구보다도 차가운 사람이었을지 모르는 나에
대해서 꼭 알려주고 싶다. 나는 보이지 않는다는 이유로 동
물을 향한 공감, 생각, 죄책감, 생명존중에 대해 생각해보지
않았다. 딱히 반대한 것은 아니지만, 동물의 고통에 대해 적

극적으로 알고 싶지 않았던 것이다. '연민'이라는 수신이 차단된 기계처럼 말이다.

충격적이게도 나는 고기가 살아 있었던 동물이라는 것을, 우유가 지속적인 강제임신으로 고통받은 소의 젖이란 걸, 그것을 먹으며 인식하지 못했다. 임신을 해야만 젖이 나온다는 것을 알았으면서도, 모든 소에서는 저절로 우유가 나오는 줄 알았다. 인간에게 통용되는 상식을 비인간 동물에게는 이입하지 못했던 것이다. 나는 고깃집 간판 '돼지가 미소 짓는 날'과 치킨집 간판 '웃고 있는 닭'과 같은 흔한 마케팅이 아무렇지도 않았다. 돼지나 닭이 죽는데 웃고 있다는 그 간판이 얼마나 잔인하고 왜곡된 것인지 인지하지 못했다. 중학교 때인가 공장식 축산 다큐멘터리를 보았지만, 아무런 느낌이 없었다. 계란 생산에 필요 없다는 이유로 숫병아리들이 살아 있는 채로 갈린 것을 보고도, 나는 계란을 계속 먹었다. 다큐멘터리를 보고 나는 닭에 대한 미안함보다는 일반적인 식문화를 갖고 있는 나 자신을 비윤리적이라고 판단하는 것 같아 싫었다. 채식을 하면 내가 사회적으로나 감정적으로 수고로워질 것이라는 본능적 불편함도 느꼈던 것 같다.

나는 다이어트와 공부를 병행하느라 힘들었고, 외식을 하며 고기를 먹었고, 고기의 맛과 분위기에 빠져 있었다. (만약 당신도 그렇다 하더라도 놀라지 말기를. 사실 누구나 그럴 수 있다.) 이런 내가 어떻게 소의 고통에 눈을 뜨게 됐을까?

연민을 이용한 마케팅에 속다

아래 그림을 찬찬히 보자. 웃으며 요리하는 돼지 그림은 마치 자신이 자발적으로 자신의 동족을 죽이고, (고통 받지 않으며) 외식 사업과 인간의 쾌락을 위한 흐뭇한 조력자인 것처럼 보인다. 사실 돼지는 고통받는 피해자인데, 이 그림에서 돼지는 행복하게 동족을 죽이고 자신도 자살을 할 작정인듯 싶다.

잘 생각해보면, 이 웃고 있는 축산동물 마케팅 전략이 매우 냉정하다. 인간에게 연민을 망각시키기보다 오히려 인간의 연민을 이용하기 때문이다. '연민'을 '이용'하다니? 이 무슨 모순일까?

동족을 요리하는 동물 그림

인간은 생명에 연민과 공감을 느끼기 때문에 돼지가 웃고 있으면, 그 돼지와 동일시한다. 오히려 돼지를 위하는 도덕적인 마음은 유지시켜주면서, 자신이 한 생명을 죽여 요리하여 먹는다는 것에 대해 소비자는 양심의 가책이 없어 진다. 내가 돼지를 가축으로 기르고 고기를 먹는 것이, 돼지에게 고통을 주는 일이 아니라고 무의식적으로 믿을 수 있기 때문이다. 행복해 보이는 소와 푸른 들판이 정육점과 도살장에 그려져 있는 것도, 계란 포장지에 닭이 행복한 것처럼 그려져 있는 것도 그런 전략 중 하나다. 도축은 도축업자들끼리만 공유하는 저 세상의 세계이고, 소비자에겐 행복한 축산동물만 보여준다. 모든 책임을 도축업자와 공급자에게 미루고, 자신에게 주어진 시장의 수많은 옵션들 중 '좋아 보이는' 것을 선택한 것뿐이라고 생각하게 한다. 소비자가 공감능력을 가졌다면 절대 할 수 없는 선택을, 공감능력을 통해 선택하게 만든다. 지갑을 여는 자가 죄책감을 느낄 겨를을 주지 않는다. 포장지가 주는 심리적 모순은 기가 막히게 사람의 소비를 이끈다.

에코페미니즘 철학자로 활동하고 있는 브라이언 루크Brian Luke는 "이 상업 전략이 이 사회에서 꼭 필요한 이유야말로, 인간이 원래 생명에게 연민과 공감을 느끼기 때문"이라고 주장한다. 우리가 처음부터 동물을 음식으로만 생각하는 것은 아니다. 아기들은 특히 자신과 비슷한 몸짓을 가진 돼지, 닭, 개, 고양이를 보자마자 먹으려 들지 않는다. 오히려 친구가 되려고 한다.

그랬던 인간이 육식을 하며 연민을 느끼는지조차도 잘 분별하지 못하게 되는 이유를 루크는 "육식의 감옥"에 길들여졌기 때문이라 말한다. 비인간 동물을 지배하고 그들을 먹을 자유와 쾌락을 누리고 있다고 생각하지만, 사실 고기를 먹을 수 있는 자유는 사회의 메커니즘에서 길들여지는 감옥 안에 있기 때문에 주어진 것이라고 주장한다. 개인과 사회는 아주 밀접하게 연결되어 있는데, 그 사회의 감옥은 고기를 먹어도 심신에 이상이 없도록 우리를 길들이고, 우리가 본래 가지고 있었던 연민과 죄의식을 오히려 활용하여 감수성을 잃게 한 것이다. 동물에 대해 생각하지 않고 고기를 먹어도 아무렇지 않도록 길들인다. 감수성이 메마른 감옥 안에서, 우리는 어떤 것에 연민을 느껴야 하고, 어떤 것에 쾌락을 느껴야 하는지 분별하지 못하게 되었다.

알지 못하면서 알고 있는 나

사회심리학자 멜라니 조이Melanie Joy도 비슷한 주장을 한다. 어떤 비건 지지자들은 한 사람의 (육식에 대한) 방어적 태도가 이기적이거나 동물의 고통에 대한 무관심 때문이라고 생각한다. 그러나 멜라니 조이는 구조적이고 집약적인 사회적 환경의 결과라고 주장한다. 우리는 수백만의 동물의 생명보다 우리의 육식에 대한 생각과 맛의 취향을 고수하기를 원하는데, 사회적 환경이 이런 육식주의적 문화의 결함을 보이지 않게 만든다는 뜻이다.

사회적 환경에 길들여진 우리는 동물이 고통받는 것을 불쾌하다고 생각하는 동시에, 그 불편함을 의식하지 못한다. 이를 멜라니 조이는 "알지 못하면서 알고 있음knowing without knowing"이라 표현한다. 우리가 동물을 사랑하지 않기 때문에 이런 현상이 일어나는 게 아니다. 오히려 우리는 동물이 고통받기를 원하지 않아서, 그들을 먹을 때의 불편함을 줄이기 위해 '고기'에 대한 인식을 사회적 환경 안에서 천천히, 불편하지 않게 바꾼다. 예를 들면 육식의 시스템 안에서 '고기'와 '동물'은 다르게 인식되도록 만든다. '동물 사체' 또는 '동물의 살'이라는 말 대신 '고기'라는 말이 통용된다. '닭의 가슴살'이라고 하지 않고, '닭가슴살'이라고 하여, 동물의 주체성을 은폐시킨다. 이는 고기를 먹는 것이 동물이라는 생명체를 먹는 것인지 모르게 만든다.

'개'와 '소고기'를 우리가 다르게 인식하는 것도 마찬가지다. 개는 친구이고, 소는 먹을 것에 불과하다. 개뿐만 아니라, 어렸을 적 친구였던 동물을 편하게 먹는 행동의 모순에 어느새 무뎌져 있다면, 그 '무디어짐'은 진정한 바람인지, 언제부터 무뎌졌는지, 혹은 그냥 이끌렸는지 생각해봐야 한다. 멜라니 조이는 자유의지를 발휘한 선택인지도 모르게 만드는 시스템 안에서 우리가 '작동'되는 이상 우리는 자유의지를 발휘할 수 없다고까지 말한다.

사람들은 이렇게 말하곤 한다. "어떻게 그 모든 것에 신경 쓰면서 살아? 생각하고 먹기보다 살기 위해 아무거나 먹는 것이지. 그렇게 여유롭게 살기엔 삶이 너무 팍팍해!" 나도 한동안 팍팍하게 살아봤기 때문에 그 마음을 이해한다. 삶의 스트레스에 가득 찬 사람은 자신에게 가해지는 폭력이 아닌 다른 폭력에는 무뎌질 수밖에 없다. 동물에 가하는 잔인함은 대수롭지 않아진다. '어쩔수 없는 것', 점점 '당연한 것'에서 쉽게 빠져나올 수 없어진다. 도축된 동물에게 연민을 느끼는 대신, 당장 편의점에서 산 햄버거에 더 많은 고기가 들어가 있기를 바라게 된다. '당연'하게 여겨지는 것을 따지는 것보다 그 틀 안에 있는 것이 편해지고, 예쁘게 포장된 고기가 어떤 잔인한 과정을 거치는지 생각하지 않게 된다. 그러한 모든 걸 사유하지 않아도 괜찮다고 길들여진다.

마치 영화 〈쇼생크 탈출〉에서 감옥 밖 사회보다 감옥이 편할 정도로 길들여진 노인 수감자들처럼 말이다. 영화에서는 감옥에서 너무 오랫동안 산 수감자들이 신경 써야 할 게 많은 사회에서는 오히려 적응하지 못하는 역설적인 장면을 보여준다. 매뉴얼에 따라 움직이는 감옥 안의 삶이 익숙하듯이, 우리도 어느새 고기를 먹는 사회적 규범에 너무 길들여져서(또는 팍팍한 삶에 떠밀려서), 도축 당하는 동물들에게 연민을 갖지 않고 사는 것에 편안함을 느낀다. '육식의 감옥'에 길들여진 것이다.

반대로 수많은 동물들의 고통을 함께 느낀다는 것은, 마트에서 절망감과, 부조리를 느끼는 것이며, 도살장에서 목이 잘리는 그 감정을 함께하는 것이다. 번거롭지만 의식하며 선택하고 소비한다. 사랑하는 사람이 고기를 먹을 때, 불쾌해지고 때때로 무서워지기도 한다. 그리고 한때 그랬던 자신을 성찰하게 된다. 잠깐의 쾌락을 위해 고통을 정당화하는 자신과 사회를 직시한다.

물론 동물의 고통에 공감한다는 것은, 안락한 삶을 조금이나마 영위하기에도 바쁜 우리시대 사람들에겐 쉽지 않은 일일지도 모른다. 사람들이 타인을 향한 연민, 공감, 그리고 사랑의 가치를 몰라서가 아니다. 사회의 매뉴얼대로 기계같이 행하는 일·관계·식사 속에서, 안전·여유·쾌락·돈·외모 중독과 공허함 속에서, 경제적 어려움이나 일과에 따라가기 바빠, 우리는 점점 더 외롭고 무기력해지며, 좌절감과 폭력에 무뎌진다. 나의 감정조차도 공유하기 어렵고, 타자와 소통하는 것은 더 어렵다. 예전에는 배고파서 동물에게 공감을 못했다면, 지금은 마음이 배고파 동물의 고통에 공감하지 못한다. 음식은 풍족해도, 마음은 풍족하지 못한 것이다.

어쩌면 육식 사회의 문제와 자신의 육식 습관의 변화에 냉소적인 것은 당연하다고 말할 수도 있다. "공장식 축산으로 길러지는 닭이 처한 잔인한 환경에 분노해야 해! 여태껏 이런 사실을 내가 모르고 먹었다니!" 이렇게 외치는 것이 때로는 민망하기도 하다. 너무 이상적인 외침임을 알기 때문이다. 나 역시 공장식 축산 동영상에 눈 깜짝하지 않던 어린 시절을 생각하면, 현실적인 편안함을 갈망하는 다수자의 마음을 충분히 공감한다.

그래서인지 동물의 고통에 냉소적인 태도를 보이고, 그들의 고통을 줄이기 위한 변화를 선택하지 않는 것을 무조건 비난하기 어렵다. 무한리필 집에서 고기를 과하게, 그리고 아무 생각 없이 먹는 모습에 분노하지만, 동시에 타의적으로 시작된 육식의 시스템에서 스스로 빠져나오기 어렵다는 것을 이해한다.

나 또한 동물의 고통이 아닌 과민성 대장 증후군이라는 요인이 큰 몫을 했다. 과민성 대장 증후군 때문에 육식을 하면 배가 너무 아프고 몸이 붓고 어김없이 여드름이 올라왔다. 이런 '실리적'이며 '비자발적'인 이유로 고등학교 때 처음 육식을 줄이려 결심했다.

우리는 같은 꿈을 꾼다.

이렇게 많은 사람들이 육식 문화에 길들여져 동물을 향한 연민이 메말라 있다. 동시에 사람들은 매일 반복되는 일상 속에서, 자신이 진정으로 열망하는 무엇인가를 찾고, 타인과 소통으로 진실된 관계를 맺길 강렬하게 원한다. 우리가 같은 인간으로서 꾸는 같은 꿈이 아닐까.

영화 〈우리는 같은 꿈을 꾼다〉에서는, 도살장에서 일하는 두 남녀의 무의식을 다룬다. 그리고 그 영화의 감독 일디코 엔예디Ildiko Enyedi는 우리가 무의식적으로 원하는 자신의 강력한 잠재력과 꿈을 영화 안에 담았다. 정제되지 않고 생명력으로 가득한 무의식의 '완전한 나'는 의식의 '나'와 연결되고 개인과 타자를 연결해, 현대사회에서 인간이 상실한 것들을 회복하는 데 일조할 수 있다는 메시지를 던진다.

일디코 엔예디 감독이 그린 것처럼, 우리 안에는 동물의 고통에 진실되고 연민어린 소통을 추구하는 자아가 존재한다고 생각한다. 어린 시절 살아 있는 동물을 처음 만났을 때, 그 동물과 친구가 되려고 했던 자아 말이다. 자유롭고 완전한 자신을 발견하는 꿈을 우리가 함께 꾼다면, 현대사회에서 상실한 것들로부터 회복할 수 있을 거라 믿는다. 그리고 무더짐과 고기의 쾌락은, 잃어버렸던 진실된 관계와, 연민·열정·자유·그리고 생명력으로 바뀔 것이다. 그리고 동물에게 행해지는 추악한 착취가 선명히 보일 것이다.

7. 아름다운 자연그림을 먹기 위하여

사촌동생, 비건음식을 맛보다

"음식은 맛만 있으면 되지." 채식을 하지 않는 사촌동생은 항상 이렇게 말했다. 사촌동생은 파리 여행을 하는 도중에도 마카롱, 달팽이요리, 스테이크 등을 빼놓지 않고 먹었다. 그녀는 나와 함께 간 프렌치 코스 요리 레스토랑에서도 고기와 생선이 들어 있는 코스를 주문했다. (물론 나는 채식 코스를 주문했다.) 다른 레스토랑과 다르게, 이 레스토랑의 직원은 섬세하고 구체적으로 요리를 설명해주었다. 동생은 자신이 시킨 음식을 먹다가 그녀의 요리보다 더 많은 채소로 예쁘게 플레이팅된 내 접시에 담긴 비건요리를 맛보았다. 나는 접시 위의 채소가 무엇인지, 소스의 맛은 어떤지, 색깔의 조화와 식감이 어떻게 좋은지, 어떻게 맛있게 먹을 수 있는지를 설명해주었다. 그녀는 내가 주문한 비건요리가 더 맛있다고 했다. 그리고 배가 음식의 양이 아닌 질로 채워지는 것 같다며 행복해했다. 그날 사촌동생은 순간의 허기만을 채우기 위해 상

품을 소비하는 게 아닌, 진정 "음식을 먹는다는 것"이 무엇인
지 깊이 고민하는 것 같았다.

내가 원하는 '음식'은 무엇일까?

로스앤젤레스의 요리학교에서 가까운 산타모니카에서 '파머
스 마켓farmer's market'에 학교 수업 차 들른 적이 있다. 그곳에는
약 100여 명의 농부들이 모여 직접 재배한 채소와 과일을 팔
고 있었다. 듣기로는 매주 다른 종류의 채소와 과일을 소개
한다고 했다. 농부들이 직접 내놓은 신선한 농작물을 보니,
마트에 진열된 채소는 마치 죽어 누워 있는 전시물처럼 느껴
졌다. 도대체 마트에 있는 야채들은 어떤 맛을 내기 위한 것
일까? 아니, 애초에 '어떤 맛'을 내겠다는 확고한 목적이 있긴
한 걸까?

산타모니카의 파머스 마켓에서는 같은 채소에도 모양,
색, 풍미가 다양했다. 채소에 '개성이 넘치다'라는 표현이 가
장 적합한 표현이었다. 내가 가장 사랑하는 과일 오디와 비
트만 해도 종류가 다섯 가지였다. 생전 처음 보는 '시 아스파
라거스sea asparagus'는 짭짤하면서 상쾌한 맛이 있어서 색달랐
다. 평소에도 마트에서 자주 접할 수 있는 오렌지 주스 또한
어떻게 오렌지를 길렀느냐에 따라 색, 맛, 향이 달라졌다. 농
부들은 작물이 어느 지역, 어떤 환경의 땅에서 자라는지 자

파머스 마켓의 신선한 과일들

세히 알려주었다. 나는 거기서 각종 채소를 아낌없이 맛보고 만져보았다. 씨앗부터 과일이 될 때까지 지극정성으로 키운 농부들의 애정과 긍정적 에너지와 캘리포니아의 특수한 문화, 쨍쨍한 기후, 여유로운 사회적 분위기가 그들의 채소와 과일에 녹아 있는 것 같았다. 파머스 마켓의 흙냄새, 나무 냄새, 풀내음, 꽃향기, 돌, 그리고 과일 촉감들은, 산딸기 동산에서 뒹굴었던 어린 시절 추억으로 나를 되돌아가게 했다.

음식이란 단순한 기계적인 레시피의 반복이 아니다. '음식'은 농부의 땅이나 야생에서 재배된 자원이, 농부와의 관계 속의 구매와 섬세한 요리 과정을 거쳐 우리의 식탁에 오는 그 총체적인 과정이다. 그리고 음식의 영양분으로 상쾌해지는 몸, 감사하는 마음, 그 의미를 나누어 먹으며 생기는 연대, 그 음식으로 인한 환경에 끼치는 영향까지가 그 과정에 포함된다. 농부와 함께 직접 보고 맛보면서 식재료 하나하나와 깊게 교류하다 보면 그 채소를 잊을 수 없게 된다. 음식을 아끼게 되고, 음미하게 된다. 그 요리가 특별해진다. 그것이 바로 음식의 고귀함이다. 이 고귀함은 로스엔젤레스에 요리 수행을 간 나의 마음을 울렸다.

그러나 '플랜테이션', 즉 거대기업 주도의 단일품종 대량 재배 시스템은 이런 '음식'을 만드는 과정의 일부라고 보기 어렵다. 플랜테이션 시스템은 열대지역에서 잘 자라나는 특정 작물만 대규모로 재배하여 세계 각지에 수출하는 방식을 택한다. 최근에는 플랜테이션 작물의 재배 면적이 확대되면서 열대우림이 급속도로 줄어들고 있다고 한다. 또한 열대 지역 원주민을 위한 식량 작물 생산이 문제가 되고 있다. 기업 주도의 거대농장은 그 지역 주민들에게 식량을 공급하려는 게 아닌, 수출을 통한 기업의 이익 창출을 위해 운영되기 때문이다. 다시 말해, 단일 품종 재배 시스템은 지역 식량의 안보와 지역경제 생태계를 파괴하고, 전 세계 식량 공급의 불균형을 가져온다. 이러한 방식으로 생산된 작물(팜유, 옥수수, 밀가루 등)에는 그 채소의 개성 있는 '맛'이나 총체적 과정에서의 '음식'에 대한 목적은 존재하지 않는다.

반면, 로스엔젤레스의 '파머스 마켓'은 대부분 '다품종 소량생산'으로, '맛'과 '음식'에 대한 목적이 확실했다. 농부의 장인정신과 사랑으로 만들어낸 다양한 형태의 작물, 그리고 요리하는 자가 예술성으로 풀어내는 재료의 이야기로 품격 있는 '음식'이 탄생할 수 있었다. 실제로 미국에서는 중간 유통과정 없이 신선한 작물 그대로 식당에 올리는 '팜 투 테이블farm to table' 운동이 펼쳐지고 있다. 팜 투 테이블 운동의 개척자 댄 바버Dan Barber는 『제3의 식탁』에서 식재료가 생장하는 환경이 곧 우리 몸을 구성하고, 진정한 음식의 풍미를 낸다고 주장한다. 때문에 공장식 축산 및 플랜테이션 시스템하에서 공급된 식량을 의심하고 비판하는 것이다.

결국 하나의 음식이 어떻게 만들어지느냐에 따라, 인간과 자연환경과의 관계는 크게 변한다. '다품종 소량생산'의 가치를 내세우는 소농 지역 농장들과 식당, 그리고 지역 소비자를 연결해주는 작지만 독립적인 생태계는 또 다른 소농 지역들과 소통하여 또 하나의 큰 생태계로 이어진다.

하지만 소비자가 그 과정을 감사하고 인정하지 못한다면(혹은 그러지 못하는 현대 사회의 시스템 안에서는), 안타깝게도 그 고귀함은 죽는다. 농부들은 소비자가 찾는 채소를 키우고, 셰프는 소비자가 인정하는 음식을 만들기 때문이다. 그래서 소비자의 선택과 책임감은 정말 중요하다. 고귀한 '음식'은 이렇게 모두가 함께할 때 지속 가능하다. 그래서 이는 의식, 연대, 문화 그리고 운동이다. 삼시세끼 밥을 먹으며 당신은 생각해보았는가? '음식'이 하나의 운동이라는 것을!

고통을 느낀다는 것, 아름다운 음식의 기본.

〈도전 골든벨〉에서 '미'식가의 '미'를 한자로 쓰라는 문제가 출제된 적이 있다. 38명의 도전자 중 35명이 味(맛 미)를 정답으로 선택했다. 하지만 정답은 단 한 명이 선택한 美(아름다울 미)가 정답이었다. 그 정답을 택한 학생은 이렇게 말했다. "음식은 아름다우니까요."

이처럼 인간이 '음식을 먹는다는 것'은 단순히 배를 채우는 행위만 뜻하지 않는다. 자연, 농부, 요리하는 자, 함께 먹는 이와 하나의 관계를 맺는 행위이다. 특히 자연의 아름다움과, 각각의 재료와 관계들을 맺는 것이다. 이 관계 속에는 감사, 애정 그리고 존경 등의 다양한 감정이 담긴다. 그래서 나에게 '요리Culinary Arts'란 아름다운 예술이다.

그 아름다움은 세계 최고 권위의 여행정보안내서, 미슐랭 가이드의 인정을 받았다. 대표적으로 프랑스의 알페지Arpege와 알랭 뒤카스 플라자 아테네Alain Ducasse au Plaza Athénes, 이탈리아의 조이아Joia, 오스트리아의 티엔Tien, 덴마크의 노마Noma의 미슐랭 스타 셰프들은 동물의 죽음보다 지역의 친환경 채소와 자연의 지속가능함을 요리에 담으려 한다. 그들은 자연의 아름다움을 담을 때 먹는 이, 농부, 셰프, 동물, 생태계 모두 건강할 수 있다고 믿는다.

이처럼 한 번의 소비가 아닌, 우아한 예술이 담긴 '음식'에 참여할 때 몸과 마음은 자연스럽게 변화한다. 우리가 하루 세끼 먹는 식재료를 공장식 축산의 고통이 아닌, 좋은 땅과 깨끗한 물과 공기 속에서 자랐다는 걸 기억하기 때문이다. 식탁 위에 행복한 기억과 관계가 있다는 걸 느끼고, 재료에 담긴 애정과 땀방울로 몸과 마음이 풍요로워질 것이다.

이는 그 가치를 지식으로만 아는 것과 다르다. 온몸이 본능적으로 자연의 소중함을 느낄 때, 생태적인 삶이 시작된다. 좋은 땅에서 생명이 자라듯, 자연의 아름다움을 오감으로 느낀 사람은 주변 환경을 변화시킨다. 그리고 타자의 고통에 공감하고 주변을 돌아보게 된다. 자연과 관계의 가치를 몸으로 알기 때문이다. 고급스럽게 플레이팅된 고기 요리에서 죽은 동물들의 고통을 느끼고, 동물 사체를 만지고 자르고 먹는 데서 오는 잔인성을 느끼는 것이다. 비인간 동물의 죽음은 농부와 요리사의 애정으로 연결될 수 없다는 것을 알게 된다.

많은 사람들이 개고기나 인간고기를 잔인하게 여기는 것처럼, 다른 모든 동물의 죽음도 행복이나 즐거움이 될 수 없다. 누군가의 고통이 예술로 미화되면 안 되듯, 동물의 고통을 요리로 미화할 수 없다. 그 고통을 느끼기를 포기할 때, 음식의 아름다움은 아무 의미가 없음을 느낀다. 이렇게 '음식'은 동물, 농부, 요리사의 감정이 담겨 자연과 인간의 연결과 지속가능한 가치를 온몸으로 느끼게 해주는 '예술'이 된다.

푸드 포르노의 쾌락보다 오래가는 것

한국에도 음식의 철학과 아름다움을 중시하는 식문화가 피어나고 있다. '한살림'과 같은 생협, '농부시장 마르쉐'처럼 농

동물을 여성처럼 성적대상화하는 광고. '푸드 포르노' 의 일종이다.

부와 요리사, 수공예사의 생태계를 만들어가는 친환경 시장 등이 대표적이다.

그러나 우리는 그 '아름다움'을 최우선 가치로 삼기 힘들지도 모른다. 좋은 음식을 먹기 위해 미슐랭 스타 레스토랑을 찾아가는 일은 경제적 부담도 만만치 않다. 오히려 '가성비'와 '편리함'이 유혹하고, 마케팅 공장에서 찍어낸 식욕 자극 사진과 영상이 더 익숙할 것이다.

이렇게 음식의 단면적인 쾌락을 창출하는 사진이나 영상을 '푸드 포르노Food Porn'라고 부른다. 푸드 포르노가 보여주는 것은 캘리포니아 파머스 마켓의 쾌활함과는 대조적이다. 따뜻한 햇살 속 여유를 상상할 수 있는 파머스 마켓과 달리, 푸드 포르노는 야근, 일회용, 쾌락, 소비, 흐림 등 도시 속 각박한 환경을 떠올리게 한다. 신선한 재료, 자연과 호흡하는 생산자, 장인정신을 가진 농부와 요리사, 위생 개념, 소비자 간의 연결, 식자원에 감사하는 마음 등은 존재하지 않는다.

푸드 포르노와 포르노는 유사점이 많다. 푸드 포르노는 식욕을 자극하고 음식에 대한 관심을 높이며 즐거움을 주기는 하지만, 대부분 소비에서 오는 순간적인 쾌락으로 끝난다. 포르노가 실제 성적 관계에서 상대방을 존중하며 적절한 관계를 맺는 법보다 순간의 쾌락에 집중하듯이, 푸드 포르노 역시 식재료를 우리가 어떻게 존중하고 관계해야 하는지 가르쳐주지 않는다. 포르노에 묘사된 폭력적 상황이 쾌락이라는 명목으로 은폐되듯, 푸드 포르노는 동물의 착취와 공장식 요식업, 그리고 영양분이 없는 칼로리의 폐해를 쾌락적인 먹방이나 현란한 광고로 은폐한다. 포르노가 성을 왜곡시키는 것처럼 푸드 포르노는 음식에 왜곡된 편견을 강화한다.

나도 가끔 감자튀김의 자극적인 푸드 포르노 광고에 굴복하여 배달 주문을 한다. 이때 나는 항상 "시간을 아껴야 한다"는 핑계를 댄다. 이게 '핑계'인 이유는 따로 있다. 고려대학교 연구진들은 한국 사람들이 패스트푸드를 소비하는 이유는 (실용성보다) 쾌락의 가치 때문이라고 발표했다[42]. 물론 그동안 쌓여왔던 스트레스를 풀고자 드라마를 정주행하는 이유도, 아껴두었던 돈을 쇼핑에 한 방에 쓰는 이유도 쾌락이기에 놀라울 일이 아니다.

이렇게 '쾌락의 가치'를 중시하는 것에 비해, 그 쾌락에

42   *consumption in Korea.* "*International Journal of Hospitality Management 23.1 (2004): 87–94.*

서 오는 보상은 사실 짧은 기간에 불과하다. 그 긍정적 감정은 빨리 소멸되어 긍정적이고 오래가는 행복을 촉진하지 못한다. 당장의 시간을 아낄지라도, 푸드 포르노에 의한 쾌락이 한순간에 불과하다면, 정말로 그 가성비가 높은 것일까?

많은 연구들에 의하면, 순간적인 쾌락Hedonic happiness 보다 지속가능한 음식을 선택하는 '가치에 기반한 행복Eudaimonic happiness'이 더 오래간다고 한다. '가치에 기반한 행복의 보상'을 뜻하는 아리스토텔레스Aristotle 의 에우다이모니아eudaimonia 개념은 이를 이해하는 데 도움을 준다. 에우다이모니아란 "삶의 목적을 충족하는 개인의 고결한 성장을 얻으려고 노력하는 것"과 "가치에 대한 감각과 자신의 굳건한 가치들에 따라 행동하고 참여하는 삶의 깊이"를 뜻한다. 즉 개인이 공익에 기여하며 자신의 가능성을 충족시킬 때 느끼는 행복을 말하는 것이다. 이를 바탕으로 한 가치 있는 삶과 사회적 변화, 그에 대한 철학으로 음식을 지속가능하게 소비한다면, 개인적 만족감에 기여하고, 맛에서 오는 순간적인 쾌락적 감각이 아니라 음식에 대해 장기적인 성찰로 이루어진 '행복'을 사유하게 해주는 것이다.

그러므로 푸드 포르노보다, 지속가능한 음식 소비가 더 큰 가성비, 그리고 가심비[43]를 가지고 있을수 있다. 농부와 요리하는 자의 진정성과 이야기와 사회에 대한 기여는 마음에 깊은 충족감을 느끼게 해주기 때문이다. 한순간 소모되는 상품보다 오래 남는 행복을 느끼기 위해, 그저 배와 입의 순간적 쾌락보다 행복한 기억을 담은 예술에 동화되는 삶을 지향하고 싶다. 정말 가치 있는 곳에 돈과 관심을 쓰고, 가치 있게 만들어진 음식이 내 몸에 들어간다고 느낄 때의 보람을 원하지 않는 사람이 어디 있겠는가.

음식의 아름다움, 갈등하는 나

눈앞에 주어진 쾌락을 피하고 가치 있는 행복만 추구하는 일은 여전히 어렵다. 당장 밀린 일들이 쌓인 환경 속에서, 우리는 쾌락과 편의에 유혹당할 수밖에 없기도 하다. 나 역시 순간적인 쾌락과 지속가능한 행복 사이에서 끊임없이 저울질 당한다.

언제나 아름다운 고급 음식을 먹을 수는 없다. (사실 많은 고급 레스토랑조차 지속가능성을 추구하지 않는다.) 하지만 일상 속에서 우리가 삼각김밥을 사 먹어야 하는 상황일지라도, 재료에 대해 애정과 관심을 주며, 음식을 아름답게 먹는 것에 관해 생각해볼 수는 있을 것이다. 주머니 사정 또는 마음이 가난한 우리의 선택을 언제나 비난할 수 없지만, "과연 우

43　　가격 대비 성능을 뜻하는 가성비價性比에 마음 심心을 더한 것으로 심리적인 만족감까지 중시하는 소비 형태를 일컫는다. 가성비는 가격이 싼 것을 고르는 때가 많지만, 가심비는 조금 비싸더라도 자신을 위한 것을 구매한다. 한편, 가심비는 서울대 소비트렌드분석센터가 전망한 2018년 소비 트렌드 중 하나로 선정됐다.

리의 삼각김밥의 참치는 어디에서 여기까지 어떻게 왔을까? 쌀은 우리나라 어느 땅에서 자랐을까?" 등의 질문을 하는 것만으로도 먹거리의 의미와 먹거리가 된 동물의 처지를 고려해볼 수 있다. 아름답지만은 않은 나의 음식이 아름다워지기 위한 작은 생각이다. 그 출발점에 서는 것이 사실 쉬운 일은 아니다. '참치'라는 수중동물을 고려하면서 내 입으로 들어가는 참치의 고통을 온몸으로 받아들이기 시작하면, 마음이 불편해지기 때문이다.

오늘도 어떤 유혹에 넘어갔고, 어떻게 소비를 하며, 누구의 고통에 눈감으며, 어떤 음식을 먹고 있을까? 나는 언제나 질문한다. 『미식 대담』의 김태윤 셰프가 말하듯, "음식의 이상을 꿈꾸는 것이 불완전한 사람의 특권이자 의무"이기 때문이다. 그리고 파리에서 사촌동생의 작은 변화를 기억하며 희망을 가져본다.

3부
고통에서 공존으로

1. 구찌의 CEO는 왜 털옷이 구시대적이라고 말하는가

'우아한' 고양이 털 재킷

한때 유명 온라인 쇼핑몰의 오픈마켓에서 27만 원대의 고양이 털로 만든 재킷이 판매되었다. 판매자는 천연 고양이 털로 몸통 부분을 장식하여 아주 우아하다고 홍보했지만, 네티즌들은 끔찍해했다.[44] 합법화된 가죽용 고양이 농장이 없고, 사업자등록증 등의 정보를 기재하지 않았기에, 불법적으로 포획해서 만들어졌다고 추측했다. 판매중단을 요구하는 글이 80개가 넘자, 결국 판매자는 고양이 재킷 상품을 삭제했다. 중국과 동남아시아에서 유통되고 있는 개와 길고양이를 불법 포획해 만든 모피처럼, 한국에서도 고양이 재킷이 판매되려다 결국 중단된 것이다.

동물의 털과 가죽은 재킷에만 쓰이는 것이 아니다. 모

---

[44] "'우아하고 세련돼' 사람들을 분노하게 만든 유명쇼핑몰에 올라온 '고양이 털'로 만든 재킷", 『문화뉴스』, 윤소리 기자, 2018. 1. 8.

자·벨트·가방·신발·장갑·양말·겨울 패딩·외투·목도리·패션 안경·귀걸이·목걸이·팔찌·머리핀·앞치마와 같은 패션 아이템과 지갑·열쇠고리·시계·폰 케이스·필통·안경 케이스·컴퓨터 케이스·파우치·다이어리·임명장·유모차 핸들과 같은 생활용품, 소파·이불·카펫커튼·액자·의자·쿠션·벽지·자동차 시트 같은 인테리어 소품과 가구, 야구 장갑·테니스 라켓·축구공·럭비공·크리켓공, 심지어 악기까지 동물의 일부가 쓰여진다. 우리가 모르는 사이에 동물을 입고, 앉고, 덮고, 만지며, 운전, 운동 그리고 연주하는 데까지 쓰고 있는 것이다.

나는 악기에 동물이 쓰인다는 사실에 깜짝 놀랐다. 악기의 형태에서 동물의 모습을 떠올리기 힘들었다. 장구·북·드럼·심벌즈와 같은 많은 타악기는 동물의 가죽으로 만들어진다. 피아노·기타와 같은 현악기의 줄은 소·양·캥거루·버팔로 등의 내장을 사용한다. 바이올린의 활은 말의 머리카락으로 만들어진다. 피아노의 건반은 발굽, 뿔 그리고 뼈로 만들어지기도 한다. 동물성 오일은 북과 드럼을 씻는 데에 추천되며, 많은 악기 보관용 가방은 동물가죽이다. 다행히 요즘은 대안 소재로 만든 악기와 가방도 나온다.

이렇게 우리는 우아하고 세련됐다는 이유로 생존에 꼭 필요하지 않은 소비를 한다. 그 우아한 소비를 위해 동물들은 죽어나간다. 뽐내려는 목적으로 동물을 사용한 악기를 구입하기도 하고, 매년 모피로 된 코트를 사들인다. 죽은 동물의 머리카락과 피부로 우리의 피부를 따뜻하게 하고, 동물의 소화기관을 연주하기도 한다. 빈티지 샵에서 필요에 의해 쇼핑을 하기보다, 천연가죽 새 옷, 새 가방, 새 신발을 유행에 따라 산다. 나 역시 과거에는 앙고라(토끼) 소재의 양말이 너무 부드러워서 사고 싶었던 적이 있다. 우리의 욕망을 위해 동물을 어디까지 써먹고 입어야 할까?

'부드러운' 울 니트와 '따뜻한' 다운 패딩

우리가 겨울철 꼭 입게 되는 울wool을 보자. 아마 우리 겨울철 옷장의 반은 우리에게도 너무 친근한 소재인 울, 양의 털[45]일 것이다. 거의 모든 부드러운 니트와 코트 소재에 울이 들어 있다. (요즘에는 부드러운 대안소재도 제조된다.) 그중에서 '램lamb'의 털은 1년이 안 된 새끼양의 털이다. 어떤 회사는 더 부드럽다는 이유로 새끼양의 털만 취급한다고 적나라하게 강조한다.

폭식폭신한 하얀 양을 떠올려보자. "그 많은 하얀 털을 어차피 양을 위해서라도 깎아주는 것은 필요하지 않은가"라는 의문을 가질 수 있다. 그러나 야생 양의 털은 추위를 이

45　양털이 아니라, 양의 털이라고 이야기하는 것은 그 털의 주인이 양이라는 것을 강조하기 위함이다.

겨낼 정도의 털만 자란다. 인간이 산업적인 목적을 가지고서 양을 직접 사육하고 번식시켜, 가누기 힘든 만큼의 털을 생산하게 된 것이다. 또 양의 털을 채취하는 노동은 시간이 아닌 털의 수량에 따라 노동 대가를 받는 경우가 대다수다. 노동자들은 누구보다 많은 털을 빠른 시간 안에 대량으로 채취해야 하고, 그럴수록 양에 대한 복지는 악화된다.

또, 효율을 위해 양털산업에서 '뮬링mulesing'은 다반사로 행해진다. 뮬링이란 항문 부분에서 파리들이 알을 낳았을 때 양의 털 전반에 애벌레가 퍼지는 것을 방지하기 위한 절차다. 이 절차에서 양의 꼬리가 잘려나가고, 또 엉덩이 부분의 살이 도려진다. 당연히 진통제나 마취는 법으로 요구된 바가 아니기에 고통을 완화하는 조치는 취하지 않는다. 양의 고통이 당연시되는 산업적 효율성은 지독하다.

수많은 코트와 이불에 보온의 이유로 빼곡히 집어넣어진 거위와 오리의 털도 일반적으로 털을 하나씩 뽑아 이불을 채우는 것으로 상상하겠지만 실상은 다르다. 손석희의 뉴스 보도에 의하면 살아 있는 거위가 발버둥치며 비명을 지르는 동안 한 남성이 거위의 온몸을 잡고, 다른 한 손으로 온 힘을 다해 사정 없이 털을 뽑는다. 털을 뽑는 속도만 보았을 때는 빠른 주먹질을 하는 것처럼 보인다. 털을 한 번에 뽑아 피부가 뜯어지면, 그 자리에서 빨리 꿰맨다. 거위가 살아남아야 털을 다시 뽑을 수 있기 때문이다. 병 주고 약 주고의 과정을 죽기 전까지 반복하는 고통의 굴레 속에서 거위는 살아간다.

이러한 윤리적 이유로 유럽연합은 살아 있는 오리나 거위의 털을 뽑는 것을 금지했지만, 법적 구속력이 약한 데 반해 오리털에 대한 수요가 너무 커 그 행위는 이어지고 있다. 우리에게 부드러움과 따뜻함을 제공해주는 니트와 패딩은 사실 부드럽지도 따뜻하지도 않은 것이다.

가죽은 고기의 부산물일 뿐인데

소고기의 축산 부산물인 가죽 같은 경우, 어차피 버리면 '재료' 낭비이니 쓰는 게 더 낫지 않냐는 의견이 있다. 실제로 가죽 무역은 소 사업의 10퍼센트를 차지하기에 가죽을 버리면 기업 입장에서는 엄청난 손해다. 어차피 고기를 먹으려고 생명을 죽인다면, 동물의 모든 부분을 낭비 없이 먹거나 써야 한다고 주장하는 소비자도 있다. 그러나 소, 양, 염소, 돼지뿐만 아니라, '질' 높은 패션을 위해 살해되는 악어, 타조, 캥거루를 포함한 수많은 야생동물과 어린 동물을 생각해보자. 심지어 인도의 소들은 가죽 제작만을 위해 도살된다.

인도는 소가죽 수출 강국이라고 할 정도로 많은 양의 가죽을 생산한다. 『한국섬유신문』에 따르면, "인도의 가죽산업은 인도 내 수출 순위 10위권을 차지한다. 연 매출 약 180억 달러, 수출 58억5000만 달러, 내수 매출은 120억 달러에 달한다. 지난 10년간 가죽제품 수출은 두 배로 증가했으며, 인도는 세계 가죽 생산량의 13퍼센트를 차지한다. 전 세계 소 21퍼센트를 보유하고 있다."[46]고 한다. 가죽을 생산하면서 이렇게 많은 동물이 죽는데, 결국 가죽은 재료 절약이 아니라 생명의 낭비인 것이다.

소가 도살되는 과정도 참혹하다. 인도는 소를 신성시해, 많은 주에서 소의 도살을 불법화했다. 그래서 소를 도살하려면, 가죽 판매자들은 소 도살이 합법화된 곳으로 소들을 열두 시간 동안 걷게 해서 이동시켜야 한다. 그 과정에서 소에게 음식과 물은 제공되지 않는다. 동물권 활동단체 PETA의 인도 조사관에 따르면 이동 중 쓰러지는 소를 일으켜 걷게 하기 위해 눈에 칠리, 소금 그리고 담배를 비비고, 꼬리를 부러트린다. 또 도살장의 환경은 매우 열악해, 다른 소들이 도살되는 것을 눈앞에서 지켜본 후 도살된다.

그렇다면 인도 소가죽을 사느니 축산 소가죽 사는 게 절약일까? 물론 수적으로, 동물이 덜 죽는다는 점에서, 에코백이 아닌 꼭 필요한 소가죽 가방을 굳이 사야 한다면 그럴 수 있다. 하지만 이는 단순히 접근할 문제가 아니다. 1년에 한번 귀한 소를 잔칫날 먹고, 그 가죽이 아까워 옷을 만드는 것이 아니다. 수천만 명의 동물을 공장식 축산으로 도축

---

46 "인도 가죽 '세계 2위 신발 생산·세계 3위 신발 소비국'", 『한국섬유신문』, 김임순 기자, 2018. 7. 4.

194

하면서 동시에 그 도축된 사체에서 수천 개의 가죽을 뺏어오는 일이기 때문이다. 배터지게 먹고도 남은 것이 아까워, 남은 것까지도 먹는 것이나 마찬가지다. 기존 공장식 축산(싸게 많이 먹는 육식fast food)이라는 낭비의 구조에서 창출된 또 다른 낭비(싸게 많이 생산되는 가죽fast fashion)가 언제부터 윤리적 의미의 '절약'의 수준까지 올라서게 되었는가? 효율과 가격만을 따져 (고기를 먹은 김에 남는 싼 가죽을) 소비하는 것이 절약이 아니라, 필요한 만큼만, 지속가능하게 생산된 제품(에코백)을 소비하는 것이 윤리적 의미에서 절약이다.

물론 덕분에 소비자는 돈을 더 아껴, 더 많이 사고, 생산자는 수익을 더 창출한다. 이런 관행과 문화는 비용 효율을 높이지만 환경파괴를 점점 가속화할 것이다.

우리는 진정 야생 정복을 원하는가?

우리의 선택에는 모순점이 많다. 우리는 자연세계의 아름다운 야생동물을 다큐멘터리에서 보며 판타지로 삼지만, 인간사회에서 그 판타지를 자랑하기 위해 그들을 멋으로 입는다. 그 멋을 위해 진짜 아름다움은 죽임을 당하는 것이다.

밍크, 여우, 토끼 등은 털만 채취하고자 하는 목적으로 포획당하고, 우리 안에서 길러진다. 그들은 전기충격을 당하거나, 산 채로 가죽이 뜯겨져 죽는다. 나는 가죽이 반쯤 뜯

우리가 입고, 연주하고, 놀기 위해 죽이는 동물들

동물 가죽과 털 전체 그대로를 사용한 동물 러그

긴 토끼들이 줄 옆에 걸려, 벗어나려고 엄청 빠르게 덜덜덜 발버둥치는 토끼의 다리를 아직도 잊을 수 없다. 이러한 장면들은 유튜브 동영상에서 쉽게 볼 수 있다.

아기 해표는 살아 있는 채로 그들의 털, 가죽, 생식기, 기름을 채취 당한다. 생식기와 기름은 비아그라나 오메가3 등의 약품으로 사용된다. 순록, 곰, 사자, 호랑이, 그리고 얼룩말의 몸의 형태와 그 얼굴이 낱낱이 보이는 카페트와 러그가 판매되는 웹사이트에서는 '진짜' '천연'이라는 문구를 강조한다.

나는 종종 인간이 얼마나 야생 생태계를 정복하고 싶은 것인지, 그 정복의 의지에 질문을 던지고 싶다. 인류가 나비족 원주민의 세계를 뒤집고 개발하려는 내용의 영화 〈아바타〉는 절대 영화에 불과하지 않다.

동물의 가죽과 털은 부, 정복, 소비의 상징이다. 사실 인류 전체가 아니라, 부를 가진 소수의 욕망이 자연세계를 정복하고, 알 권리를 은폐하며, 소비자를 유혹한다. 하지만 소비자가 모른다고 해서 자연생태계가 파괴되는 현상에 책임이 없는 건 아니다.

자연세계를 정복하기 원하지 않더라도 소비자들은 정복의 산물(부드러운 털과 현란한 무늬)을 욕망하며, 그 욕망에 따라 선택할 권력이 있다. 다시 말해 동물의 털이 부드럽다는 이유로, 자신에게 당장 피해가 가지 않으니, 얼마든지 소비할 수 있는 위치에 있는 것이다. 털이 뜯기는 비인간 동물은 그 권력을 아무리 노력해도 절대 가질 수 없다. 권력을 가진 소비자가 치명적 고통을 앓고 있는 비인간 동물의 죽고 사는 문제를 '과거에 사버려서', '이 정도쯤이야' '한 번쯤'하며 합리화해서는 안 된다. 고통의 당사자가 아닌 인간이 그 고통을 괄시해서는 안 되며, 동물의 고통을 적어도 소비하지 않을 책임이 있다. 고통의 당사자가 되지 않아도, 고통은 공감할 수 있는 문제다.

새로운 변화들: 부의 상징에서 착취의 상징으로

다행히 요즘에는 변화를 시도하는 유명 기업들이 많아지고 있다. 고급 전기자동차로 유명한 테슬라의 미션은 지속가능한 에너지를 향한 세상의 변화를 가속시키는 것이다. 그 미션을 위한 실천 중 하나로 2016년에 나온 모델X부터 모든 차에 가죽을 쓰지 않겠다고 선언했다. 2019년에 나올 신 모델Y도 마찬가지다. 합성가죽 시트·기어 쉬프트·운전대를 포함해, 모든 부분이 가죽 대신 초극세사와 합성섬유로 만들어진다.

고급 가방 브랜드 구찌도 2018년 봄부터 모든 의류에서 동물성 섬유를 쓰지 않을 거라고 선언했다.[47] 구찌의 CEO 마르코 비짜리Marco Bizzarri는 신기술이 충분히 발달된 현대사회에서 동물의 털을 사용하는 것은 현대적이지 않고, 구시대적이라고 했다. 구찌뿐만 아니라 아르마니Armani · 휴고보스Hugo Boss · 캘빈클라인Calvin Klein 등 여러 패션 브랜드가 털을 쓰지 않겠다고 선언했다. 유명 기업들의 변화는 가죽과 모피가 부의 상징에서 착취의 상징으로 인식이 변화했음을 뜻한다.

요즘에는 동물 털과 가죽을 사용하지 않고도 기능성 있는 의류를 만들거나 패션 감각을 표현한다. 패딩의 경우, 오리와 거위의 털을 대체할 만한 신소재가 정말 많다. 가죽을 대체하는 합성섬유로 인한 환경문제를 지적하는 사람도 분명 있다. 하지만 솜을 제외하고는 환경에 가장 좋지 않은 영향을 끼치는 소재로 동물성 원자재들이 뽑혔다. 소가죽이 1순위, 실크 섬유가 2순위 그리고 울 섬유가 4순위였다.[48] 사실, 동물성 제품이 합성섬유보다 환경에 좋지 않은 것은 놀랍지 않다. 한 동물이 자랄 때까지 수많은 자원이 필요하기 때문

---

47 "구찌에선 이제 털을 볼 수 없다", 『중앙일보』, 유지연 기자, 2017.10.12.

48 SAC Higg Materials Sustainability index (MSI), Jan 2017.

이다. 뿐만 아니라, 합성섬유의 환경문제마저도 해결할 환경 친화적인 소재가 줄지어 나오고 있다.

가죽을 대체하는 업사이클링 소재로는 재활용 플라스틱, 재활용 고무, 재활용 타이어, 재활용 현수막 등이 있다. 식물을 사용하는 소재로는 파인애플, 버섯, 아가베 식물, 나뭇잎, 사과 섬유소, 나무껍질, 코르크 등이 있다. 그 외 천연 재료로 사용하는 소재로는 왁스코튼, 쿨스톤 가죽, 종이가 있다. 이렇게 다양한 대안, 재활용 또는 천연 소재들은 가방, 지갑, 벨트, 노트북 케이스, 신발 그리고 가구 등의 제품을 만드는 데 쓰인다. 천연 소재를 활용하는 신생 회사들은 계속 생겨나고 있다.

윤리적 소비를 하기에 너무 입을 것이 없는 시대는 지났다. 앞으로 더 많아질 것이다. 물론 아직 길거리에서 쉽게 살 수는 없다. 그러나 패션은 남들과 다르고 쉽게 하지 못하는 확고한 신념이 있을 때 '힙한' 것이다. 호랑이 가죽을 쓰던 시대는 이미 지났다. 구찌의 CEO가 말했듯, 동물의 가죽과 털을 입는 것은 구시대적이다. 특별한 신소재 '레어템(흔하지 않은 아이템)'을 찾아서 선택하고, 중고 의류(빈티지) 상점에서 느낌 있는 옷을 찾고, 옷감을 확인해보자. 동물들이 당하는 고통에 비해, 이런 번거로움은 아무것도 아닐 것이다. 또한 이 신념이 우리의 패션에 독창성과 트렌디함을 더해줄 것이다.

물론 친환경적인 삶을 살거나, 패션 아이템에 대한 욕망

신소재 및 브랜드명	소재
대나무 Bamboo	대나무
플로커스 Flocus	열대식물, 카폭kapok 추출 섬유
프리마로프트 PrimaLoft	극세사, 재활용, 생분해 섬유
플럼텍 Plumtech	재활용 폴리에스터
37.5	코코넛껍질에서 추출한 활성탄, 재활용 폴리에스터
듀폰 소로나 DuPont Sorona	듀폰 친환경 섬유
그라도 제로 에스파체 Grado Zero Espace	꽃, 바이오폴리머, 에어로겔
써모라이트 Thermolite	35퍼센트 재활용 섬유
써모어 Thermore	100퍼센트 페트병 재활용 섬유
마모트 서멀 R Marmol Thermal R	폴리에스터
누다운 Nudown	공기 팽창식 보온기술
3M신슐레이트 3M Thinsulate	합성 초극세사 안에 공기를 가두는 기술
클리마쉴드 Climashield	합성 극세사
아스펜 에어로겔 Aspen Aerogels	석영유리 섬유
폴라가드 Polarguard	폴리에스터 합성 섬유
인지오 Ingeo	PLA 활용 플라스틱 소재

동물 가죽 대신 대안 섬유소재를 사용하는 브랜드 및 각 대안소재들

을 완전히 버리기는 쉽지 않을 것이다. 그렇다면 신소재 하이테크놀로지 패딩, 종이가방, 코르크 지갑 같은 특이한 패션 아이템에 욕망을 분출해보자. 오히려 욕망을 충족할 수 있을지 모른다.

2.   잘생겨지고 건강해지는
        현대사회의 히틀러들

동물성 화장품은 뭔가 다르지 않을까?

귀여운 당나귀 그림이 그려져 있는 라벤더 비누를 친구에게
서 선물받은 적이 있다. 친구는 내가 동물과 유기농을 좋아
해서 이것을 선택했다고 자랑했다. 라벤더라면 죽고 못 사는
나는 기뻐하며, 비누곽 뒷면을 확인했다. 유기농 재료들이 나
열되어 있었다. 그런데 웬일인가. 당나귀 우유가 성분에 포함
되어 있었다. 친구는 유기농 매장에서 구입했기 때문에 당연
히 비건용인 줄 알았다고 한다. 안타깝게도 나는 그 비누를
쓰지 못했다.

　이러한 경험은 수없이 많다. 소중한 사람에게 귀한 화장
품이라고 받았는데, 악어기름이 들어 있었고, 굉장히 비싸고
귀한 것이라며 친구가 내 얼굴에 발라준 크림은 해삼크림이
었다. 일본 온천 여행을 갔을 때 숙소에 준비되어 있는 크림
은 마유크림이었으며, 샴푸까지 마유로 만들어져서 비누로
머리를 감아야 했다. 또 호주 여행 관광지에서 프로모션으로

들른 곳은 달팽이크림 판매처였다.

나는 초등학생 때, 달팽이 10명을 키웠다. 그 10명이 알을 낳아 나중엔 3천 명의 친구들이 생겼다. 그들과 행복하게 지냈지만 결국 아파트에서 키울 수가 없어서 방생할 수밖에 없었다. 이런 경험이 있어서인지 비건을 시작하기 전에도 달팽이 요리는 먹지 못했다. 그러니 달팽이를 갈아서 만든 크림을 얼굴에 바르는 것은 나에게 끔찍했다. 이렇게 동물성 재료를 화장품에 넣는 경우가 비일비재하다.

붉은 빛으로 빛나는 아름다운 연어알 또한 식용뿐만 아니라 화장품에 사용된다. 한 블로그에서 연어알을 넣은 화장품 리뷰를 본 적이 있다. 미백과 피부재생 크림이었다. 연어알은 생각보다 잔인하게 채취된다. 컨베이어 벨트 위에서 파닥거리는 수중 동물의 배를 갈라서 거침없이 알을 빼낸다. 블로그와 판매사의 홍보 내용을 살펴봤을 때 동물성 화장품을 특별히 고집하는 이유를 찾을 수 없었다. 물론 피부재생 등에 좋을 것 같다는 희망이나, 동물성 성분이 식물성과 무언가 다르지 않을까 하는 괜한 믿음 때문인 듯싶다. 이렇게 피부를 조금 더 밝게 하기 위해, 주름을 조금이라도 줄이기 위해, 수많은 생명을 착취한 제품이 소비되고 있다. 이처럼 "잘생겨지기 위해 동물이 들어간 화장품을 꼭 발라야 한다"는 식의 동물 착취 논리는 '생존에 필요에 의한 최소한의 비인간 동물 착취'보다 더 심각한 사안이다.

나도 미백을 하고 싶기 때문에, 수단과 방법을 가리고 싶지 않은 그 마음을 이해한다. 그러나 내가 잘생겨지기 위해 다른 이가 고통을 받는다면 외면할 수는 없는 일이다. 피부의 미묘한 색깔 차이를 내고 주름을 펴는 것이 그토록 중요할까? 이를 위해 누군가의 생명권이 무시된다고 해도 그 화장품을 사용해야 할까?

혹시 덧나지 않을까: 화장품과 동물실험

많은 사람들이 화장품의 독성으로 피부나 눈이 손상될까 두려워한다. 그래서 화장품 동물실험에 찬성한다. 이제까지 인간은 많은 화장품 실험을 위해, 토끼 눈의 각막에 독성 물질을 뿌려왔다. 토끼의 각막이 화장품에 의해 파괴되는지를 알고 싶기 때문이다.

　'드레이즈 테스트Draize test', 일명 '토끼 눈 실험'은 1944년도부터 실시된 독성 실험검사로, 전쟁과 잔인함의 시기인 세계 2차대전과 그 시기가 겹치며, 가장 잔인한 동물실험 중하나로 꼽힌다. 이 실험에서 토끼(또는 개)는 구속장치에 넣어져 움직임이 억제되고, 의식이 살아 있는 채로 눈에 화장품(또는 그 재료)를 투약 당한다. 14일 동안 실험동물의 눈이 붉어지거나 붓거나 분비물이 생기는지, 눈이 멀거나 탁해지거나 궤양이 생기거나 출혈이 생기는지 관찰한다. 복구 불가능한 손상이 생겼을 시, 토끼는 안락사 당한다. 다른 실험에 재사용될 수 없기 때문이다. 우리의 눈이 조금이라도 아플까 봐 걱정되어 토끼의 눈을 파괴하고 있는 것이다. 우리의 눈에 화장품을 비자발적으로 투약하는 것을 상상해보라.

이 잔인함은 동물실험을 금지해야 할 충분한 이유가 된다. 실제로 유럽연합과 이스라엘, 인도에서는 동물실험을 한 화장품과 그 재료 판매를 금지하고 있다. 동물실험을 하지 않는다는 강점을 러쉬나 더 바디샵 같은 유명 화장품 브랜드들이 캠페인이나 마케팅에 활용하기도 한다. 한국도 2017년 2월부터 동물실험을 거쳐 제조된 화장품은 물론, 동물실험을 실시한 원료를 사용해 만들었거나 수입한 화장품을 유통·판매하는 것을 금지하는 법이 시행됐다.

그럼에도 동물권 단체 PETA는 우리에게 익숙한 유명 화장품 브랜드들이 아직도 동물실험을 하고 있다고 보고했다. 중국의 화장품 법에 따르면, 동물실험을 거친 화장품만 수입이 법적으로 허용되고 있기 때문이다. 하지만, 2019년도 4월 중국 정부도 두 가지 비생체 실험을 화장품 실험에 허용했다고 한다.[49]

이처럼 21세기 과학이 발전되면서 동물을 대체할 실험 방법이 많이 생겼다. 화장품 실험은 보통 토끼의 눈에나 피부에 행해지는데, 인간의 세포로부터 생산된 각막과 같은

---

49 Zachary Tolive, "New Cosmetics Testing Regs in China Could Spare Thousands of Animals", PETA, 2019.

3D 조직과 피부자극실험을 위해 인간 피부 배양 등 40개가 넘는 비생체 실험이 인증되었다. 토끼의 세포보다 인간의 세포가 더 정확한 실험 결과를 낼 수 있기 때문이다. 동물실험으로 유용한 과학적 그리고 의학적 발전이 이루어졌던 것은 사실이지만, 비용이 많이 들고 프로토콜이 복잡한 동물 실험보다 박테리아, 세포, 컴퓨터 모델 등을 사용한 대체 실험으로도 충분히 실험이 가능하다. 윤리적 문제를 떠나서도, 실험 효율을 위해 대체 실험은 자주 사용된다. 우리는 아직도 '구시대적'인 화장품 동물 실험에 찬성하거나 그 제품을 소비할 필요가 없는 것이다.

좀 더 건강해지지 않을까

동물실험을 금지하는 화장품 법과 달리, 의료용 동물실험은 한국에서 열심히 추진되고 있다. 쥐, 토끼, 개, 돼지는 물론이고, 인간과 가장 비슷한 영장류도 실험 대상이다.

2018년 11월 6일, 한국에 실험용 영장류 4,000명을 사육할 수 있는 국내 최대 규모의 영장류자원지원센터가 준공되었다. 이 지원센터에 185억 원이 투자되었다. 국가 영장류센터에 따르면, 게잡이원숭이는 뇌질환·신경과학·생의학 등에, 붉은털원숭이는 내분비학·노화연구 등에, 그리고 아프리카 녹색원숭이는 면역학·행동학·생의학·세포치료 등에 활발하게 사용되고 있다. 하지만 이 센터가 준공되는 당일, 한 붉은 털원숭이는 전류가 흐르는 7미터 담을 넘어 사육장을 탈출했다. 그 원숭이는 왜 탈출했을까?

침팬지의 법적 권리를 위해 지속적인 소송을 이어가고 있는 변호사 스티븐 와이즈Steven Wise가 TED강연 중 한 말로 답하고 싶다.

> 66
>
> 침팬지(와 다른 영장류들)은 인간과 유사한 종이며, 복잡한 인지 능력을 가지고 있다. 자신이 감정과 의식이 있음을 지각하며, 다른 이들이 감정을 가진 것을 알고 있다. 또한 어제를 살고, 내일을 살아갈 것을 이해하고 있다. 그들은 정신적 시간여행을 할 수 있으며, 과거에 무슨 일이 있었는지 기억하며, 내일을 예측할 수 있다. 그들은 도덕적 능력을 가지며, 자발적으로 공정한 조건을 제안하며, 계산 능력이 있어 숫자를 이해한다. 그들은 언어 활동에 참여하거나 언쟁하기도 하며, 의도적이고 지시적인 의사소통을 한다. 심지어 그들은 자기들만의 문화를 가지고 있다.
>
> 99

변호사 스티븐 와이즈에게 붉은털원숭이가 왜 탈출했는지 물어본다면, 그들을 독방에 감금하는 것은 우리가 무고한 사람을 감옥에 가두는 것처럼 끔찍한 일이기 때문이라고 답할 것이다. 인간과 유사한 영장류들은 다양한 인지활동과 의사소통, 사회활동을 하며, 인간처럼 자유도 갈망하기에 탈출할 수밖에 없다는 말이다. 인간과 유전자가 90퍼센트 이상 일치하는 영장류는 그 '유사성' 덕분에 실험에서 제외되는 것이 아니다. 그 '유사성'을 근거로 들어 그들을 고통스러운 실험장으로 내몰아버린다. 이는 더 많은 인간에게 획기적인 치료제를 줄지 몰라도, 인간의 존엄성까지 박탈하는 것과 마찬가지다. 인간의 안위를 위해서 인간과 비슷한 생명체의 고통을 착취하여 스스로의 권리를 파괴시키는 것이다.

와이즈는 인간과 굉장히 비슷한 침팬지에게 평등권을 인정해주어야 한다고 주장한다. 그에게 '평등권'이란, 유사성과 관련성을 가지고 있는 자에게 주어질 수 있다. 하지만 평등권이 그저 인간과 유전적 유사성이 높은 동물에게만 부여되는 데에 그쳐서는 안 된다. 돼지, 개, 소 그리고 닭과 같은 동물들도 어린아이 4살 정도의 지능을 갖고 있다. 이들은 감정적인 돌봄을 원하고 필요로 한다. 동물실험으로 많이 사용되는 쥐를 포함한 대부분의 포유류는 고통을 느낀다. 그럼에도 미국에서만 매년 1억 명 이상의 동물들이 실험으로 고통받고 죽는다.[50] 과학자들은 비인간 동물에게 다양한 약을 치사수치로 투여하며, 담배 연기와 가스를 마시게 하며, 암을 유발시키고, 전기충격을 가하고, 억지로 물속에 던져놓고, 샴쌍둥이처럼 한 명으로 꿰매놓기도 한다. 태어날 때부터 비만이나 우울증 등 다른 육체적·정신적 질병을 갖도록 유전자 조작을 하고, '확실한' 결과를 위해 많은 생명을 실험한다. 잔인성으로 따지자면 히틀러의 과학자들이 인체실험을 한 것과 별반 다르지 않다. 다만 대상이 인간이 아닐 뿐이다. 게르만족의 우월함을 바탕으로 한 히틀러의 생체실험은 미친 짓이라고 취급하지만, 인간의 고통을 줄이기 위해 매순간 행해지는 다른 동물의 고통은 묵인된다.

물론 과학계에서는 동물실험을 줄일 수 있는 것은 확실하나, 아예 비생체 실험으로 전부 대체하기는 힘들다고 한다.[51] 하지만 동시에 실험하는 데 꼭 필요하지 않은 동물들이 너무 많이 실험되고 있다는 점을 인정한다. 동물의 신체적 특징이 인간과 다르고, 그리고 실험하는 약마다 적합한(인간과 가장 비슷한 반응을 보이는) 동물실험이 있는데, 처음부터 무분별하게 실험이 이루어진다. 이를 방지하기 위해 오히려 인간에게 미량의 약을 투여해, 그 경과를 대조하여 인간에게 가장 적합한 동물실험 모델을 찾고, 실험에 불필요한 동물을 걸러낼 수 있다고 한다.[52] 이전에는 동물실험으로 자행되었던 것이 인력과 시간이 덜 들고, 비용대비 효과가 다양한 비생체 실험들로 대체되고, 기술적 한계로 동물실험을 할 수밖에 없더라도 동물의 희생을 최소화할 수 있는 시대가 온 것이다. 우리는 지금의 이 시점에서 멈추지 않고 잔인한 동물실험을

50   Experiments on Animals: Overview, PETA, Francis S. Collins.

51   Sonali Doke and Shashikant C. Dhawale, "Alternatives to animal testing: A review." Saudi Pharmaceutical Journal, 2015.

52   R. D ombes, et al, European journal of pharmaceutical sciences, 2003.

보완할 수 있는 방법을 찾아야 한다.

다행히 여러 나라에서 윤리적 이유로 동물실험을 줄이는 방법과 정책이 점차 늘고 있다. 동물실험을 하지 말아야 할 당위성이 충분하기 때문이다. 하지만 현실에서 그 당위성은 작용하지 않은 것처럼 보인다. 내가 과학계 대학을 다닐 때 박사들은 "이 연구를 하기 위해 내가 쥐를 3,000명을 죽였어"라고 자랑스럽게 말하기도 했고 "(실험실에 전시된) 이 돼지의 머리 뼈가 이렇게 생긴 이유는 그 돼지의 머리를 내가 망치로 박살냈기 때문이지"라고 무용담처럼 늘어놓기도 했다. 이처럼 수많은 과학자들은 동물의 고통에 대한 감수성이 턱없이 부족하다.

우리의 일상에서도 감수성이 부족하기는 마찬가지다. 우리는 환자를 물건 취급하며 돈만 벌려고 하는 의사들을 욕하고, 동물실험과 자신은 별개의 문제라고 생각하거나, 옳지 못하다고 쉽게 말한다. 그러나 대다수의 사람들 역시 그렇게 만들어진 것과 다름없는 약을 복용하고 있다. 우리는 비싼 신약을 먹을 때만 어쩔 수 없이 동물실험을 소비하는 것이 아니다. 단순한 두통, 성인병, 피부 잡티, 뱃살, 작은 키 등 목숨이 위험하지 않은 부분까지 해결하기 위해 일상 전반에서 동물의 목숨을 걸고 실험한 제품을 소비한다. 지금 소비자들은 한편으로 동물실험을 하지 않은 화장품을 '선택'할 수 있기도 하다. 동물실험을 한 약을 먹는 불가피한 선택을 내리는 경우를 제외하곤, 어느 정도 식습관과 생활습관을 통해

'건강'을 유지할 수 있는 방법도 있다.

그러나 사람들은 인스턴트 음식을 먹고 폭음과 흡연을 하는 습관을 버리지 않는다. 물론 많은 사람들이 과도한 노동으로 인한 스트레스에 시달려 건강을 해치는 습관을 손쉽게 버리지 못한다는 걸 안다. 다만 힘들더라도, 한 생명을 위해 다른 생명들이 처참한 고통을 끊임없이 당하는 걸 상기해보자는 것이다. 우리가 할 수 있는 범위 내에서 습관을 바꾸어가며 그들의 고통을 줄일 수도 있을 것이다.

『동물 홀로코스트』의 저자 찰스 패터슨Charles Patterson은 인간은 동물 앞에서 히틀러라고 하며, 나치식으로 인간이 동물을 대하는 방식을 서술했다. 우리의 고통을 줄이기 위해, 더군다나 생명에 지장이 없는 얼굴의 주름을 펴기 위해, 또는 인간이 우월하다는 이유로, 다른 동물에게 고통을 주고 있다. 인간은 비인간 동물 앞에서는 히틀러와 다름이 없는 것이다. 당신은 히틀러의 위치에 서고 싶지 않은가? 그렇다면 나의 일상에서 할 수 있는 작은 일부터 살펴보자.

3.　야생의 의미를 회복하기

그 많던 상아는 누가 다 없앴을까

오래전에 친구에게서 목걸이를 선물받은 적이 있다. 인도 여행을 다녀온 친구가 사 온 것이었는데 물고기 모양의 조각이 달려 있었다. 조각은 코끼리 상아로, 줄은 코끼리 가죽으로 만들었다고 했다. 당시에는 동물의 상황에 전혀 관심이 없던 때라 그저 예쁘다고 생각했을 뿐 아무 문제를 못 느꼈다. 한참 동안 잊고 있던 목걸이를 떠올리게 된 것은 몇 년 전 코끼리에 대한 뉴스를 접했을 때였다. 아프리카에서 상아 없이 태어나는 코끼리가 급증하고 있다는 것이다.

왜 이런 일이 일어나고 있을까? 전문가들은 사람들이 상아를 얻으려고 코끼리를 너무 많이 사냥하기 때문이라고 설명한다. 보도에 따르면 지난 10년 간 아프리카에서는 코끼리의 3분의 1이 학살당했고 일부 지역에서는 멸종 위기에 처했

19세부터 후반에 행해진 대규모 상아 거래

다.[53] 코끼리 밀렵의 주된 이유는 상아를 얻기 위해서다. 코끼리 사냥과 상아의 수입 수출은 국제적으로 금지되어 있지만, 사치품으로서 가치가 높아 밀렵은 끊이지 않고 있다. 상아를 얻는 과정은 끔찍하고 잔인하다. 언뜻 생각하면 상아가 튀어나온 부분만 따로 잘라내면 될 것 같다. 하지만 상아는 머리까지 깊게 뿌리를 박은 이빨이다. 밀렵꾼들은 상아를 최대한 많이 확보하기 위해 코끼리의 머리를 반으로 잘라 상아를 뽑아낸다. 산 채로 얼굴 절반이 뜯겨나간 코끼리들은 피

---

53   "코끼리 밀렵의 비극… 상아 없이 태어나는 코끼리 급증", 홍주희 기자, 『중앙일보』, 2016.11.27.

를 흘리며 고통스러워하다가 죽는다.

코끼리는 야생에서 상아가 클수록 유리하다. 상아는 먹거리를 찾거나 땅을 파서 지하수를 찾아낼 때도 사용하고, 나무껍질을 벗겨 먹을 수도 있기 때문에 생존에 필수적이다. 더 길고 두툼한 상아를 가진 코끼리는 짝을 얻을 확률이 높다. 하지만 밀렵으로 인해 크고 강한 상아를 가진 우월한 남자 코끼리들이 대규모로 학살당하는 바람에 상대적으로 상아가 작거나 아예 상아가 없는 코끼리가 번식을 담당하게 된다. 큰 상아 유전자를 물려받은 후손이 크게 줄면서 상아 없이 태어나는 코끼리가 늘어난 것이다. 따라서 코끼리 밀렵은 당장 수많은 코끼리를 죽이고 고통에 빠트릴 뿐 아니라 장기적으로 코끼리라는 종 전체를 척박한 생태환경에 취약하게 만든다.

인류의 독점과 다른 종들의 멸종

코끼리의 사례는 인간의 행위가 생태계를 교란시키고 동물이 오랜 시간에 걸쳐 정교하게 다듬어온 진화의 결과를 한순간에 망가뜨리면서 '야생'에 개입하고 있다는 것을 보여준다. 이런 의미에서 최근 학자들은 우리가 살고 있는 시대를 '인류세'라고 명명한다. 인류세는 지질시대 중 현재를 가리키기 위해 새롭게 제안된 용어다. 지질시대란 지구가 탄생한 이후부터 지금까지 지구의 역사를 지층과 화석을 기준으로 구분한 것이다. 신생대, 고생대, 중생대의 쥐라기 등은 익히 들어보았을 것이다. 특정한 종의 출현과 확산이 지구의 지질과 환경을 현저하게 변화시킨 경우 시대를 구분할 수 있다. 지구에 생명이 출현한 이후, 그와 같은 급변은 여러 차례 발생했지만 인류가 일으킨 변화는 특수하다. 의도와 계획에 따라, 자기 자신을 포함한 생태계 전체의 재앙이 예견됨에도 불구하고, 다른 종의 고통과 소멸을 무시하면서 파괴를 멈추지 않는다는 점이다. 따라서 인류세라는 이름은 인류가 등장한 이후 생태계를 심각하게 파괴하여, 새로운 지질시대를 만들어낼 정도로 지구환경에 급격한 변화가 일어났음을 뜻한다.

유발 하라리Yuval Harari에 따르면 지구상에 존재하는 동물 중 체중을 킬로그램 단위로 젤 수 있는 동물의 90퍼센트가 인간과 인간이 가축화한 동물들이라고 한다.[54] 즉 대형동물 중 야생동물은 10퍼센트뿐이다. 사자나 호랑이 같은 맹수가 밀림을 지배한다는 것은 이제 옛말이다. 전 세계 야생 호랑이는 3,200명 정도인 데 비해, 미국에 살고 있는 포획된 호랑이는 5,000명을 넘고 그중 개인이 사육하는 애완용 호랑이가 94퍼센트를 차지한다.[55]

---

54 유발 하라리 지음, 김명주 옮김, '2장 인류세', 『호모데우스: 미래의 역사』, 김영사, 2017.

55 *"More Tigers in American Backyards than in the Wild"*, World Wildlife Fund, July 29, 2017.

인간이 지구를 독점하고 다른 동물종들이 사라지게 된 데에는 여러 원인이 있다. 전 세계 부의 85퍼센트를 가져가는 상위 10퍼센트의 부자를 위한 희귀 동물이 불법적인 밀렵으로 멸종 위기에 처한다. 광산 개발로 인해 서식지를 잃는 경우도 있다. 콜탄처럼 이전에는 주목받지 못하다가 컴퓨터와 스마트폰에 사용되면서 중요해진 광물을 캐내기 위한 무분별한 개발이 인근에 살던 동물의 집과 공동체를 파괴하는 것이다. 고속도로, 터널, 철로, 송전선로, 케이블카 등을 건설하기 위해 산을 깎거나 산 가운데 길을 내면, 동물이 먹이활동을 하고 물을 마시는 영역과 서식지가 단절되고, 도로를 건너다가 차에 치여 죽기도 한다. 새만금 간척사업이나 4대강 사업이 보여주듯 대규모로 생태계를 변형하는 개발은 해당 생태계의 구성원인 동물에게 죽음을 가져오는 악개발maldevelopment이다. 철새들은 습지가 갑자기 사라져 갈 곳을 잃게 되고, 녹조 범벅이 된 강에 수중동물이 사라지면 그들을 먹고 사는 다른 포식동물들도 사라진다.

지구온난화 역시 중요한 원인 중 하나다. 지구의 평균 온도가 높아지면, 높아진 온도에서는 살아갈 수 없는 동식물이 멸종 위기를 맞게 된다. 또 온도 상승으로 육지와 바다의 생태계가 변화해 먹이를 구하기 어려워 생존력이 취약해지기도 한다.

야생동물이 사라지게 된 가장 큰 원인은 축산업과 어업이다. 야생의 맹수가 가축을 잡아먹지 못하게 하려고, 즉 축

대규모 농원을 짓기 위해 대규모 면적의 숲을 파괴한다.(ⓒcrisco 1492)

산업 사업가의 손해를 줄여주기 위해서, 정부가 직접 나서서 동물을 사살해주거나 사냥을 허용한다.[56] 열대우림에서는 축산업을 위해서 1초마다 축구장 하나 크기의 숲이 사라진다. 숲이 잘려나간 자리에는 소를 방목하거나 소를 먹일 옥수수나 콩을 기른다. 숲을 밀어버릴 때 그곳에 살던 온갖 종류의 동물들도 함께 죽거나 집을 잃고 헤매다 죽는다. 어떤 경우에는 일일이 벌목하는 것이 돈과 시간이 많이 들어 대신 불을 놓기도 한다. 평안하던 숲에서 쉬던 동물들은 느닷없는 불길에 휩싸여 집을 잃거나 목숨을 빼앗긴다.

전문가들은 지금과 같은 규모로 매년 9천만 톤의 해양물을 잡아들이면 2048년에는 바다가 텅 비어버릴 것이라고

---

56 예를 들어 미국 농무부는 농장의 가축을 보호해주기 위해 야생 늑대나 코요테가 나타나면 헬기를 띄워 사살해준다. 다큐멘터리 〈카우스피러시〉, 킵 안데르센·키건 쿤 감독, 2014.

예상한다.[57] 멸종을 야기하는 지구온난화의 원인 중 가장 핵심적인 것 역시 축산업이다. 야생동물을 보호하고 멸종위기종을 관리하며 동물들 사이의 생태적 관계를 되살리려면 축산업과 어업의 규모를 대폭 줄이고, 숲과 바다를 파괴하지 못하도록 규제할 필요가 있다.

야생의 진정한 의미를 회복하기

다큐멘터리 〈소닉 씨Sonic Sea〉는 우리가 자연 안에서의 상호작용을 세심하게 고려하지 않을 때, 다른 종을 착취하거나 통제하려는 직접적인 목적이 없어도 심각한 결과를 초래할 수 있음을 잘 보여준다. 이 영화는 해안가에서 떼죽음을 당하는 돌고래의 이야기를 담고 있다. 초음파를 통해 먹이를 찾고 길을 찾아가며 의사소통을 하는 고래와 돌고래는 사람이 바다에서 일으키는 온갖 소음 때문에 죽어가고 있다. 수없이 오가는 화물선의 모터, 군용 잠수함이나 탐사선이 방출하는 초음파, 천연자원을 발굴하기 위한 폭발음이 쉴 새 없이 깊은 바다까지 소음을 일으킨다. 이로 인해 고래의 소리 세계가 교란되어 여러 문제가 발생한다. 먹이를 찾지 못하는 것은 물론이고, 어린 개체가 소음 때문에 가족을 찾지 못해 무방

57　위의 다큐멘터리.

비 상태로 홀로 남는다. 이런 소음으로 인해 고막이 찢어지는 등 육체적 고통 때문에 돌고래가 해변으로 도망쳐 왔다가 물 밖에서 죽는 일이 빈번히 발생한다. 고래를 포획하거나 괴롭히려는 의도는 없었지만 다른 동물의 생태를 고려하지 않음으로써 파괴적인 결과가 나타나는 것이다.

다른 생명체와 그들의 공동체를 파괴할 권리나 그것들을 총체적으로 통제할 능력이 우리 인간에게 있을까? 생명을 지닌 존재들의 가장 큰 특징은 주변 환경 및 다른 생명체와의 상호작용 속에서 자기 자신을 스스로가 생성하고 지속시킨다는 것이다. 인간이 살아가기 위해 자연을 이용하는 것은 삶의 조건이지만, 그것이 자연과 다른 동물의 자기생성의 힘과 관계 맺기의 힘을 송두리째 전유해도 좋다는 뜻은 아니다. 이런 근본적인 이유 외에도 야생과 야생동물의 보호는 인류의 삶의 조건을 유지하는 데도 필수적이다. 먹이사슬과 공생, 투쟁과 협력이 복잡하게 일어나는 생태적 관계들이 무너지고 여러 동물종이 위기에 처하면 그 결과는 다시 인간에게 돌아오기 때문이다.

표준국어대사전은 '야생'을 "산이나 들에서 저절로 나서 자람. 또는 그런 생물"로 정의하고 있다. 야생동물은 사람에 의해 길들여지거나 가축화되지 않은 동물이다. 그렇다고 야생동물이 인간의 영향을 전혀 받지 않는다는 뜻은 아니다. 그보다는 동물이 필요한 것을 전적으로 인간에게만 의존하

지 않고, 자신이 속한 환경에서 맺는 다양한 생태적 상호의
존 관계에서 획득하면서, 일정한 자율성을 지니고 살아간다
는 것을 의미한다.

야생이나 야생동물을 문명과 단절되어 있는 것으로 생
각하면 오히려 야생에서 벌어지는 인간의 횡포를 은폐하기
쉽다. 마치 인간은 자연에서 분리되어 있는 것처럼 상상함으
로써, 우리가 신경 쓰지 않아도 인간의 손이 닿지 않고 오염
되지 않은 야생의 자연이 어딘가에는 계속 남아 있을 거라
고 착각하게 되기 때문이다. 그렇게 상상된 야생은 오히려 관
광산업의 먹잇감이 되곤 한다. 주말마다 명품 등산복을 쫙
빼입은 등산객들로 산은 몸살을 앓고, 동물들은 사람을 피
해 다니거나 사람이 버리고 간 음식물을 먹으며 자립적인 생
활력을 잃는다. 사람들은 '힐링'을 위해 자연을 찾아간다고
하지만, 수많은 사람들의 발길에 자연은 자신의 힘을 회복하
고 자율성을 유지할 치유의 힘을 상실한다.

인간 역시 생태계의 구성원으로서 지속적으로 자연과
영향을 주고받는 관계에 있다는 것을 인식하지 않으면, 실제
로 다른 동물들과 생태계에서 힘을 발휘하고 있는 인간 사
회의 작용과 그 결과들을 진지하게 받아들이기 어렵다. 멧돼
지나 고라니 같은 야생동물이 농가나 도심까지 내려오는 근
본적인 원인이 인간 자신에게 있다는 것을 이해하지 못하면,
야생동물의 거주지를 보호하는 노력 대신 덫을 놓아 포획하
거나 사냥을 하고 전기 철조망을 두르고 사살하는 잔인한

임시방편만을 떠올리게 된다.

'원래 그대로' 남아 있는 자연이란 이제 먼 미래를 그린 SF 영화보다 더 상상적인 것일지도 모른다. 내셔널지오그래픽이나 BBC 다큐멘터리가 보여주는 야생의 스펙터클과 아름다움은 인간 문명의 지독한 영향을 잘라낸 편집본이다. 그리고 우리는 그 영향이 가까운 미래에 어떤 급변과 재앙을 낳을지 완전히 예측할 수 없다. 지금껏 다른 생명 종에게 인류가 진 빚을 갚고 다시 지구를 그들과 공유하기 위한 기획을 시작해야 한다.

4.   즐거운 곳에서 불행한 동물들

오락산업에서의 동물들

2018년 10월, 한국에 남아 있던 마지막 북극곰 '통키'가 노환으로 사망했다. 통키는 1995년 마산의 한 동물원에서 태어나 놀이공원의 사육장과 대전의 동물원 등으로 옮겨져 평생을 좁은 우리에서 지냈다. 통키는 곧 영국의 요크셔 야생공원의 북극곰 전용 공간에서 얼마 남지 않은 노년을 보낼 예정이었다. 생애 처음으로 북극곰에게 알맞은 환경에서 살 기회를 얻었지만, 이주를 한 달 남기고 생을 마감한 것이다.

통키의 죽음과 함께 한국 사회의 동물원에 대한 의문을 던지게 한 또 하나의 죽음이 있었다. 대전 동물원 '오월드'에서 탈출한 퓨마 '호롱이'가 사살된 것이다. 호롱이는 멀리 가지 못했고 사람을 다치게 하거나 문제를 일으킨 것도 아니었다. 포획을 위해 마취총을 쐈지만 마취를 정확하게 하지 못해 포획에 실패하자 사살한 것이다. 이에 분노한 시민들이 청와대 청원 게시판에 동물원을 폐지해야 한다는 글을 올려

많은 사람들의 찬성과 지지를 얻기도 했다. 통키와 호롱이 둘 다 야생을 만나본 적 없이 동물원에서 나고 자랐다.

언뜻 보기에 동물원이나 아쿠아리움에 사는 동물들은 행복해 보일 수 있다. 대학에서 〈인간과 환경〉이라는 제목의 강의를 했을 때, 한 학생이 동물원에 있는 것이 동물 입장에서는 더 낫지 않느냐는 질문을 했다. 야생에서는 먹을 것을 구하기도 어렵고 자연재해나 천적 때문에 위험하지만 동물원에서는 그런 걱정이 없다는 것이다. 많은 사람들이 그렇게 생각한다. 동물원은 멸종위기에 있는 동물을 보호하며 생태계의 변화로 인해 척박해진 야생보다 더 나은 환경을 동물에게 제공한다고 말이다.

하지만 자신의 의사와 상관없이 납치되어 오랜 세월 부적절한 환경에서 갇혀 지내는 것을 좋아할 동물이 있을까? 자신의 모습이 장시간 다른 개체나 무리에게 구경거리가 되는 것을 좋아하는 동물이 있을까? 은신할 곳 없이 무방비로 몸이 노출된 자신을 철망이나 유리창 너머로 낯선 사람들이 구경하는 것은 대개의 동물에게 엄청난 공포와 피로를 유발한다. 하루에도 수십, 수백 킬로미터를 걷고 뛰고 날아 이동하는 동물의 경우 동물원이 아무리 넓어도 심리적 문제를 일으킬 정도로 좁게 느낀다. 특히 코끼리나 사자, 호랑이처럼 큰 동물들은 다양하고 충분한 활동을 할 수 없는 탓에, 몸을 앞뒤로 흔들고 같은 자리를 반복해서 돌거나 자해를 하는 등 '정형행동'이라고 부르는 이상행동을 보인다. 가족과 친척, 친구들로 이루어진 무리에서 수십, 수백 명의 동족들과 관계를 맺고 살아가는 동물이 가족이나 동료가 거의 없는 환경에서 지내는 것은 견디기 어려운 외로움을 부른다.

동물원에서는 각 동물이 필요로 하는 적합한 환경을 만들어주기 어렵다. 사람을 포함해 생물종은 저마다 잘 살아가기에 적합한 환경이 다르다. 사람이 견디기 어려운 더위나 추위가 어떤 동물에게는 더 좋게 느껴질 수 있고 늪이나 습지, 사막이나 산악지대를 편안하게 느끼는 동물도 있다. 자연환경을 모방하여 방사장이나 사육장을 설계한다고 해도, 동물원은 북극곰에게 두툼하고 드넓은 얼음으로 덮인 빙하지대를 만들어줄 수 없다. 행동풍부화 프로그램[58]을 통해 일시적으로 스트레스를 줄여줄 수는 있지만, 야생에서의 다양하고 복잡한 활동과 경험에는 턱없이 못 미친다. 특히 한국처럼 영토가 좁고 사계절이 뚜렷한 곳에서 열대지역이나 극지방이 본래의 서식지인 동물들은 몸과 마음의 건강을 잃기 쉽다.

단순 전시만이 문제가 아니다. 동물들은 갖가지 방식으로 오락산업에 이용된다. 동물보호단체와 시민들의 노력으로, 서울대공원에서는 2012년부터 돌고래쇼를 폐지했다. 동물원에서 동물을 이용한 공연은 세계적으로 폐지되는 추세

58　환경풍부화라고도 한다. 방사장이나 사육장에 장난감, 복잡한 구조물, 나무나 바위 등을 놓아두어 단조로운 생활을 하는 동물들에게 새로운 자극을 주고 의욕을 북돋고 다양한 활동을 할 수 있도록 하는 것을 말한다. 서울대공원에서도 행동풍부화 프로그램을 실시하고 있다.

이며, 동물원을 전시 목적에서 연구나 종 보존 목적으로 전환하는 흐름이 만들어지고 있다. 하지만 한국에서는 지방자치단체에서 관광산업이나 지역축제를 육성하여 동물을 이용한 전시, 공연, 체험학습, 레저 등이 더 증가하고 있다. 소싸움, 투견, 경마 등은 도박산업과도 연결되어 있으며, 관광객을 끌어모아 지역경제를 활성화하는 계획의 중요한 요소 중 하나다. 반려동물 수가 증가하면서 동물을 주인공으로 하는 영화나 예능 프로그램도 늘어난다. 컴퓨터 그래픽을 사용하기도 하지만 많은 경우 촬영을 위해 훈련된 동물을 대여한다. 또 패션 화보에 등장하는 뱀이나 맹수를 대여하는 것은 동물원의 주요한 수입원이다.

노예 노동자이거나 소모품이거나

인간과 어떤 관계를 맺느냐에 따라 동물이 처한 상황은 천차만별이 된다. 유기동물이나 야생동물은 인간의 이기심, 인간사회에 대한 의존, 환경파괴와 같은 인간 활동의 결과에 따른 피해 등과 주로 관련된다. 이에 비해 축산업에서의 동물과 오락산업에서의 동물은 노예 노동과 착취라는 문제와 깊이 연관되어 있다. 축산동물의 경우 죽어서 '고기'라는 상품이 될 때 가치가 결정된다면, 오락동물은 살아 있을 때 강제된 노동이 그 가치를 결정한다.

오락동물의 노동은 감금된 상태에서 학대를 당하면서 이루어지는 노예 노동이다. 나아가 그 노동을 통해 벌어들이는 수익을 인간이 모두 가져간다는 점에서 착취와 수탈로 이루어진 노동이다. 가령 유원지나 관광지에서 관광객을 태우고 달리는 마차의 말은 일하는 동안 배변을 보지 않게 하기 위해 장시간 물과 음식을 제공받지 못한다. 한여름에도 물 한 모금 마시지 못한 채 서너 명의 관광객과 마부를 태우고 뜨거운 아스팔트 도로 위를 달려야 한다.

사람들은 서커스나 동물 쇼에 사용되는 동물이나 애완동물 카페에 사는 동물이 즐거울 것이라고 생각하기 쉽다. 놀라운 공연을 펼치고 묘기를 보여주고 사람에게 애교를 부리거나 간식을 받아먹으려고 친근하게 구는 것이 자의에 의한 거라면 동물도 행복할지 모른다. 하지만 이런저런 동물원이나 사육장들 사이에서 거래되어 팔려 온 이 동물들은 노예처럼 속박당한 채 강제로 또는 살기 위해 이런 일을 한다. 사람들이 원하는 묘기를 제대로 보여주려고, 사육사는 일부러 먹이를 주지 않고 굶기거나 채찍질을 하는 등 끊임없이 동물을 학대한다. 애완동물 카페나 체험학습장에서는 동물이 관람자들에게 먼저 다가가고 주는 음식을 잘 받아먹게 하기 위해 일부러 굶기기도 한다. 자신의 힘을 잘 통제하지 못하는 아이들이나 동물을 다루는 법을 충분히 이해하고 있지 못한 사람들이 줄지어 서서 동물을 만지고 끌어안는 것은 동물에게 엄청난 스트레스를 준다. 전시장이나 공연사업장들은 관리 감독도 거의 받지 않기 때문에, 상황이 개선되기는 더욱 어렵다.

동물복지문제연구소 어웨어의 조사에 따르면 국내 동물 체험시설은 95개소 가량이다.[59] 이런 시설 대부분은 전시중인 동물에게 적합한 환경을 제공하지 않고 있다. 예를 들어 야행성 동물과 주행성 동물을 한 공간에 지내게 한다거나 각 동물이 하루에 접촉할 수 있는 관람객의 수를 제한하지 않고 있다. 또한 관람객이 동물을 만지거나 끌어안는 등 가깝게 접촉할 때 지도와 감독을 수행하는 직원이 배치되어 있지 않거나, 사람이 동물에게, 동물이 사람에게 옮길 수 있는 질병이나 공격이 발생할 수 있는 상황에 대한 대비책도 마련되어 있지 않다.

한 인터뷰에서 사육사들은 동물원 업계에서 오래 일한 사람이라면 실내 동물원에 가지 않는다고 입을 모은다.[60] 사육사들은 대부분 동물을 좋아해서 사육사가 된다. 하지만 실제로 사육사가 하는 일은 동물이 편안하고 건강하게 살아갈 수 있도록 돌보는 것이 아니라, 사업장이 더 많은 돈을 벌 수 있도록 동물을 혹사시키는 것이다. 그런 이유로 1~2년 내에 일을 그만두는 사육사가 부지기수다. 다치고 병든 동물들은 방치되고 수익에 도움이 되지 않는 동물들은 새로 사들

59 「동물체험시설 실태조사 보고서」, (사)동물복지문제연구소 어웨어, *16쪽, 2018.*

60 "동물은 죽어 나가고 보람은 없었다". 『한겨레』, 최우리 기자, *2018.7.20.*

인 동물로 대체된다. 동물을 돌보는 사육사 입장에서 동물을 소모품이나 노예 노동자처럼 다루면서 괴롭히는 일을 오래 지속하기란 쉽지 않을 것이다.

아무도 가두지 않는 동물원을 위해

2016년 SBS 드라마 〈대박〉에는 주인공인 배우 장근석이 뱀을 산 채로 뜯어 먹는 장면이 등장한다. 태어나자마자 살해 위협 속에서 살아온 주인공이 겪는 생존의 절박함을 표현하기 위한 장면이었을 것이다. 누가 보더라도 쉬운 연기가 아니기 때문에, 대역도 없이 진짜로 살아 있는 뱀을 씹는 연기는 온갖 찬사와 긍정적 평가를 받았다. 장근석은 이 장면을 촬영한 후 한동안 식음을 전폐했다고 한다. 그럼 산 채로 뜯어 먹힌 뱀은 어떤 기분이었을까? 살아 있는 뱀을 죽여서 만든 생생生生한 장면이라니, 아이러니가 아닐 수 없다.

이 장면에 대한 칭찬 일색의 기사들을 보면서, 영화 〈라이프 오브 파이〉를 본 후 친구가 했던 이야기가 떠올랐다. 친구는 과학기술을, 기술 자체를 뽐내거나 기술의 힘으로 자연을 지배하고 분석하기보다는 자연 속에서의 인간의 체험, 자연과 인간의 관계, 그 관계에 대한 이해 방식을 표현하는 데 사용한 것에 감탄했다. 영화에서 주요한 캐릭터인 호랑이도, 드넓은 대양도, 주인공이 느끼는 좌절, 고통, 두려움, 경이, 숭고의 감정들을 공감하게 하는 자연의 모습들도 모두 컴퓨터 그래픽이었다. 바다 한가운데서 높이 치솟아오르는 거대한 고래가 컴퓨터 그래픽이라는 것을 안다고 해서 경이로움과 숭고미가 반감되는 것은 아니었다. 손에 잡힐 듯 3D로 구현된 장면들은 마치 내가 주인공 파이가 되어 바다 한가운데 표류하고 있는 것처럼 느끼게 해주었다.

21세기를 사는 우리가 삶에 대한 질문을 던지거나 인간과 자연의 관계를 다루는 영화를 만들기 위해 호랑이를 길들여 연기를 시켜야 할까? '살아 있는' 뱀을 죽여야만 '살아 있는' 연기가 되고 '살아 있는' 장면을 만들 수 있는 것일까? 반대로 첨단 과학기술을 활용해 새로운 형태의 동물원을 시도하는 사례들이 있다. 타이완의 국립해양생물박물관의 심해전시관은 가상현실 기술을 활용해 심해의 생물들과 생태계를 전시한다. 2014년에 문을 연 일본의 대자연 체험관 오비 요코하마는 일본 게임업체와 BBC가 협력해 만든 전시관으로, 3차원 안경을 쓴 관람객이 직접 자연생태계 안에 들어가 있는 것과 같은 체험이 가능하다. 2017년 미국 LA의 자연사박물관에서도 VR기술로 바다 생태계를 체험하는 전시를 진행한 바 있으며, 같은 해 뉴욕에서는 내셔널 지오그래픽이 "조우: 해양 오디세이Encounter: Ocean Odyssey"라는 제목의 디지털 수족관을 개장해 전시를 이어가고 있다.

기존의 동물원을 야생동물 보호, 멸종위기종 복원을 위한 연구, 동물과 생태계에 대한 교육을 위한 기관으로 전환하는 노력도 필요하다. 지금도 동물원들은 이런 역할을 하고 있다고 주장한다. 하지만 실제로 동물원이 실행하는 번식프로그램은 동물보호와 복원을 위한 것이 아니다. 그보다는 국내외 법이나 국제협약이 바뀌면서 거래가 금지된 동물들을 번식시켜 계속 전시해 소득을 올리기 위한 것에 가깝다. 이제는 야생에서 납치한 동물보다 동물원 안에서 태어난 동물이 더 많을 정도다. 기린처럼 너무 흔해진 동물은 처치 곤란한 애물단지가 되기도 한다. 관람객에게 더 이상 큰 흥미를 끌지 못하는 데다 대부분의 동물원에 이미 기린이 많이 있기 때문에 가치가 떨어지는 것이다. 동물원에서 태어난 동물들이 야생으로 돌아가는 경우는 극히 드물다. 어렵게 방사한 경우에도 적합한 서식지를 찾는 것도 어려운 일인 데다, 자연에서 살아가는 법을 배우지 못한 탓에 적응하지 못하고 쉽게 죽어버린다.

동물원을 변화시키려면 해당 지역의 기후에 맞지 않는 동물은 전시하지 말아야 한다. 멸종위기에 처해 있는 국내의 종을 최대한 야생에 가까운 환경에서 보호하고 번식시키는 데 중점을 둬야 한다. 또한 각 종의 특성에 맞게 하루 관람객 수를 제한하고 관람객과 동물 사이의 거리를 충분히 확보해서 전시되는 동물들이 사람에 의해 큰 영향을 받지 않도록 관리할 필요가 있다.[61]

교육적 측면에서는 어떨까? 오락동물들이 비참한 상황에 있다는 것을 아는 사람에게 동물원은 열악하고 참담한 공간일 뿐이고 드라마의 멋진 장면이나 동물 체험학습장은 야만성이 전시되는 공간일 뿐이다. 좁고 딱딱한 콘크리트 우리에서 축 처진 채 엎드려 있는 호랑이나 그물망 안에 갇혀 창공을 가를 수 없는 독수리를 구경하거나, 돌고래와 물개에게 노예 노동을 시키는 쇼를 관람하는 데 무슨 교육적 효과가 있겠는가? 그런 곳에서 사람들은 원하면 언제나 동물을 소유할 수 있고 만질 수 있다는 착각을 하게 되고, 갇힌 상태로 고된 훈련을 받는 동물들이 행복하다고 믿게 된다. 인간 외 다른 종이 실제 살아가는 방식과 생태계 안에서의 역할, 우리가 그들과 관계를 맺는 적절한 방식에 대해서는 아무것도 배울 수 없다. 동물을 '구경'하는 게 아니라 동물의 습성과 자연환경과의 관계, 생태계 파괴로 인해 동물들이 처한 상황 등에 대해 이해하고, 해결방안과 대안을 고민할 수 있도록 유도하는 프로그램을 중심으로 운영되어야 한다.

인간은 세계를 이해하고 경험하며, 그 경험과 지식을 독창적인 방식으로 표현하고자 하는 욕망과 재능을 가진 동물이다. 자연세계를 깊이 들여다보고 동물을 가까이 경험하고 싶어 하는 것 자체가 나쁜 것은 아니다. 하지만 우리가 지금 동물과 자연에 관해 배워야 하는 것은 갇혀 있는 동물이

---

61 해외에는 이런 동물원이 몇 군데 있다. 현재 세계 동물원을 비롯한 오락산업에서의 동물 사용의 현실과 대안적인 동물원에 대한 자세한 소개는 다음 두 책을 참고할 수 있다. 로브 레이들로 지음, 박성실 옮김, 『동물원 동물은 행복할까?』, 『동물쇼의 웃음, 쇼 동물의 눈물』, 책공장 더불어, 2008·2010.

나 부적절한 훈련을 받은 쇼 동물을 구경할 때 얻어지지 않는다. 폭력과 감금에 지친 동물을 구경하는 일은 우리의 창조력이나 생명력을 키워주지도 않는다. 많은 동물들이 멸종 위기에 처하고 동물들이 자유롭게 살아갈 공간이 거의 사라진 지금, 우리가 배워야 할 것은 각 동물의 고유한 삶의 방식과 그것을 존중하는 방법, 그리고 인간과 인간 외 동물이 공존하는 방법이기 때문이다.

5. 쓰레기 분리수거는 하면서 회식은 삼겹살?

분리수거, 재활용, 그리고 고기

환경문제를 걱정하는 엄마는 분리수거에 열심이다. 전등불도 보는 대로 끄고 다닌다. 자동차를 최소한으로 타면서 대중교통의 장점을 주장한다. 그런데 할머니에게는 고기를 사준다.

어떤 이들은 산에서 쓰레기를 주우며, 나무도 심는다. 그러나 산에서 내려오면 체력 보강을 이유로 소주와 삼겹살을 먹는다. 환경단체도 (전부는 아니겠지만) 환경보호 캠페인 이후 삼겹살로 회식을 하고, 경품으로 치킨을 내건다. 나 역시 유치원 때부터 아나바다 운동을 했다. 카페에서도 플라스틱 컵보다 보온병을 쓰려고 노력했다. 그런데 가장 좋아하는 음식은 돼지갈비와 감자탕이었다.

공익광고에서는 기후변화를 막기 위해 물 아껴 쓰기, 실내온도 조절, 쓰레기 줄이기, 재활용하기, 쓰지 않는 플러그 뽑아놓기, 대중교통 타고 다니기, 나무 심기 등을 장려한다. 하지만 고기는 우리에게 좋은 것이라고 소개된다. 드라마, 예능, 배달 음식 광고에서의 고기의 위치는 말할 것도 없다. 환경보호 실천을 당연한 상식으로 교육받았지만, 육식이 환경파괴의 주범이라는 의식은 상식으로 자리잡지 못했다. 환경보호를 위해 힘쓰는 우리는 정말로 환경문제를 걱정하는 것일까?

지속가능한 육식을 찾아서

육식은 모든 환경보호 실천을 무로 돌려놓는다. 과학잡지 『뉴사이언티스트』에 따르면, 1킬로그램의 소고기는 집에 불을 모두 켜고 세 시간 동안 운전하는 것보다 더 많은 이산화탄소를 배출한다. 유엔 식량농업기구에 따르면 자동차와 비행기 등의 교통수단이 배출하는 온실가스보다 동물성 음식 생산에서 배출하는 온실가스가 더 많다. 그린피스에 따르면, 50년 동안 개간한 숲의 토지의 65퍼센트를 축산업에 썼다. 육식을 줄이면 나무를 심는 것보다 많은 환경문제를 방지할 수 있다는 뜻이다.

    2018년 옥스퍼드 대학의 조세프 푸어Joseph poore는 지속가능한 동물성 음식을 찾고자 연구를 시작했다. 그는 이 프로젝트를 4년간 진행하는 동안 결국 동물성 제품을 끊었다. 그리고 고기와 유제품을 피하는 것이 지구에 미치는 참혹함을 줄일 '유일한 최선의 방법'이라고 논문에 소개했다. 그에 따르면, 100그램의 소고기는 105킬로그램의 온실가스를 초래하지만, 같은 양의 두부는 3.5킬로그램 정도만 생산한다고 한다.

농지의 80퍼센트 이상을 가축 사육에 사용한다. 그렇다면, 우리는 전체 농지가 생산하는 영양분의 80퍼센트를 가축이 생산할 것이라고 생각할 것이다. 하지만 실상은 농지가 생산하는 칼로리의 18퍼센트와, 단백질의 37퍼센트만 가축 산업이 생산할 뿐이다. 반면 농지에서 배출하는 온실가스는 60퍼센트를 차지한다. 고기와 유제품의 소비가 없다면, 전세계 농지의 75퍼센트가 줄어들 수 있고(이는 미국, 중국, 유럽연합, 호주의 땅을 모두 합한 땅의 면적이다), 그럼에도 전 세계를 먹여 살릴 수 있다. 또 전체 농업의 33퍼센트의 물까지도 축산업에 사용된다.[62]

한편 우리는 공장식 축산이 아닌 풀을 먹인 유기농 소가 환경에 덜 나쁠 것이라고 생각한다. 푸어는 풀을 먹인 소마저도, 농약과 화학비료로 키운 야채와 곡물 농업보다 환경에 더 좋지 않은 영향을 미친다고 한다. 1킬로그램의 소고기를 만들기 위해 20킬로그램의 풀과 곡물이 필요하다. (이 풀과 곡물이 자라고 소에게 운송될 때도 이산화탄소를 배출한다.) 소는 자라면서 엄청난 양의 열과 함께 이산화탄소를 배출한다. 그리고 분뇨에서 메탄이 배출된다. 1킬로그램의 풀과 곡

62   Poore and Nemecek, Science

물을 먹는 것에 비해, 1킬로그램의 유기농 소를 먹는 것은 에너지의 비효율성과 그로 인한 환경 피해가 막강하다.

그렇다면 생선을 먹는 것은 괜찮지 않느냐고 질문할 수 있다. 하지만 수중동물 양식산업도 생태계 파괴를 촉진한다. 민물고기 양식장은 현재 96퍼센트의 유럽인들이 먹는 물고기와 66퍼센트의 아시아인들이 먹는 물고기를 공급하고 있다. 민물고기 양식장에서 해양동물의 배설물과 그들이 먹지 않은 먹이가 산소가 없는 바닥에 축적된다. 이는 메탄(이산화탄소보다 72~105배 그 온실효과가 크다)을 생산할 수 있는 완벽한 조건이다. 이렇게 육식이 환경에 끼치는 영향은 막대하다. 그런데 단순히 온실가스만이 문제가 아니다.

미세먼지, 녹조 라떼, 그리고 악취

육식으로 인한 문제는 환경과 다방면으로 얽혀 있다. 미세먼지도 예외가 아니다. 가축의 방귀와 분뇨의 암모니아는 질소산화물과 반응해 미세먼지를 만든다. 이렇게 미세먼지의 75퍼센트는 기체 상태의 오염물질이 대기 중에서 뭉쳐 미세먼지로 전환된다. 『뉴스워커』에 따르면, 국내 암모니아 발생량의 78퍼센트는 축산분뇨와 비료를 중심으로 농촌지역에서 나오며, "축산활동을 통한 총부유물질 3만524톤, 미세먼지 1만200톤, 초미세먼지 1,861톤 등 비산먼지량은 4만2585톤으로 집계됐다"[63]. 축산분뇨 비료를 사용한 농경지에서 나오는 미세먼지를 제외하고도 이만큼이다.

축산업으로 인한 분뇨, 화학비료, 살충제 등은 지구의 허파인 숲뿐만 아니라 바다의 허파인 해양식물도 파괴한다. 푸어에 따르면, 축산업은 물 산성화의 79퍼센트와 부영양화의 95퍼센트를 만드는 데 책임이 있다고 한다. 영국에서는 분뇨로 인한 산성화와 부영양화로 해변식물이 분해되었다. 뉴스에서 수없이 볼 수 있듯, 한국의 축산농가도 가축분뇨를 불법(분뇨 처리장치를 통과하지 않고)으로 바다나 강에 배출·투기한다[64]. 이런 행위로 인해 한국의 강에 녹조가 생기고 녹조는 (일명 똥물현상인) 흑조로 이어진다. 녹조는 강에 산소 부족 현상을 일으켜 해양식물을 죽이며 강의 물고기도 물 밖으로 머리를 내밀고 산소를 마셔야 한다.

강을 똥물로 만들지 않기 위해, 그 분뇨를 우리가 먹는 농작물의 비료로 활용하려고 한다. 하지만 가축분뇨의 불법 살포로 악취에 대한 민원이 심하다. 심지어 요즘에는 기후변화로 발생한 폭우로 합법적인 분뇨 액비 살포 또한 어렵다고 한다. 또, 이미 엄청난 양의 병원균, 살충제, 항생제, 호르몬이 섞여 있는 분뇨를 식물에 뿌리면 채소와 과일에 질병이 퍼질

63   "미세먼지 부르는 암모니아 78퍼센트가 농촌에서 발생", 『뉴스워커』, 김지우 기자, 2018.10.14.

64   "분뇨 2톤 해상 불법배출 여객선, 기관장에 집유 2년", 『연합뉴스』, 박지호 기자, 2018.6.21.

수 있다. 그리고 분뇨가 뿌려진 곡물을 먹은 가축으로 만들어진 고기, 우유 등을 통해 용혈성 요독 증후군이 생기도 한다. 우리의 토양은 속수무책으로 오염되고 있다.

기후변화의 참혹한 결과

육식이 기여한 많은 피해 중 누구나 확연히 느끼는 것은 폭염일 것이다. 2018년 우리는 114년 만의 폭염을 겪었다. 인간이 지구를 상대로 게임을 하는 양, 최고 기온이 매년 갱신되어왔다. 2018년 프랑스 파리에서도 처음으로 가정집에서 에어컨을 틀기 시작했다. 노천 카페를 좋아했던 프랑스 사람들은 찜통에 고구마처럼 쩌지는 것 같다며 어찌할 바를 몰랐다. 갈수록 높아지는 기온으로 여름철 전염병은 더 빨리 퍼지고, 농부들의 수확량은 예측 불가능해졌다. 전 세계적으로 그 피해가 확산되고 있다.

농업의존도가 높은 세계 빈곤국(네팔, 아프가니스탄, 피지 등을 포함한 저개발국가)은 이자로 심각하다. 기후변화로 인해 앞으로 10년간 지불해야 할 추가 이자가 최대 168억 달러(약 188조3280억 원)에 이른다. 해수면 상승에 취약한 베트남의 벼농사, 가뭄에 취약한 과테말라의 옥수수 생산이 그 예다. 이에 대해, 유엔환경계획 특별자문위원 사이먼 자덱은 저개발국가에게 (과개발국가가 일으킨) 피해의 비용을 전가하는 것은 받아들이기 어렵다고 했다.

당연히 과개발국가도 마찬가지로 피해를 입는다. 13개의 미 연방기관이 공동으로 펴낸 300명의 과학자와 1천여 명의 분석 인력이 동원된 1,600쪽에 달하는 「기후변화 보고서」는 미국이 겪을 경제적 타격과 인적 피해의 심각성을 설명하고 있다. 미 중서부의 옥수수 재배 농가는 25퍼센트 수확량 감소, 조개 양식은 2억 달러의 손해를 입을 것이다. 또 매년 2천 명 이상의 사람이 열과 관련된 질환으로 사망할 것이며, 지카·웨스나일 바이러스 등도 지속해서 창궐하게 될 것이다. 미 남동부 지역이 무더위로 인해 손실을 보는 노동시간이 2100년까지 연간 5억 시간이며, 2050년까지 지금보다 여섯 배 이상의 산불 피해 지역이 생겨날 것이다. 이처럼 기후변화로 입는 경제적 피해는 매년 수천억 달러에 달할 것이라고 한다.

육식은 단지 인간과 북극곰을 위협하는 '뜨거움'에만 기여하는 것이 아니다. 지구온난화로 홍콩에서는 태풍이 몰아쳐서 높은 건물이 앞뒤로 흔들리고 창문이 깨졌다. 겨울철 폭설이 일어나고 미국 동북부는 최저기온을 이룩하는 기록을 세웠다. 최근 미국 플로리다에는 허리케인 '마이클'이 덮쳤다. 엘니뇨(해수 온난화)로 인해, 휴양지로 유명한 남태평양 피지에는 가뭄이 심해지고, 중남미에는 폭우나 홍수가 일어났다. 국제학술지 『네이처』의 기후변화 최신호에서 미국 하와이주립대 교수 카밀로 모라는 "테러 영화나 다름없다"고 우려한다. 그는 "2100년에는 폭염, 산불, 해수면 상승, 허리케인, 홍수, 가뭄, 물 부족과 같은 재해가 동시에 최대 6가지나 발생할 수 있다"고 말했다. 게임이나 영화에서나 볼 수 있는 일이 현실에서 일어날 수 있다는 것이다.

위기감 없이 고기를 먹는 사람들

환경문제에 위기의식을 느껴, 육식을 줄이는 것을 촉진하기 위해 에스토니아에서는 가축의 방귀에 세금을 매긴다. 영국에서는 빨간 고기에 세금을 부과하는 것을 연구한다. 그런데 한국에서는 몸보신을 위한 수많은 고유의 차와 약초가 풍부함에도 보양식품이라는 미명 아래 고기 소비를 늘리고 있다.

한 쇼핑몰에서 즉석삼계탕 매출은 2017년보다 2018년에 같은 기간 동안 2.6배 증가했다.[65] 초복, 중복, 말복 때 삼계탕과 치킨의 음식점 매출은 일일 매출 증가율의 1, 2위를 차지했다.[66] 대형마트에서는 말복을 앞두고 삼계탕이 매진되기도 한다. 이제는 편의점까지도 간편 삼계탕을 팔고, 매출은 당

---

65 "삼계탕 매출 2배 이상 증가… 전복·장어는 제자리", 『뉴시스』, 최현호 기자, 2018.6.24.

66 "'복날엔 역시'…삼계탕·치킨 매출증가 두드러져", 『이데일리』, 유재희 기자, 2018.7.16.

67 "말복 앞두고 불티나게 팔리는 간편식 삼계탕", 『충북일보』, 신민수 기자, 2018. 8.15.

연히 늘어나는 추세다.[67]

기후변화행동연구소에 따르면, 한국의 1인당 연간 육류 소비량이 2001년 31킬로그램에서 2015년 약 47킬로그램으로 50퍼센트 넘게 증가했다. 그에 상응하여, 2013년 가축분뇨 온실가스 배출량도 1990년에 비해 75.5퍼센트 증가한 것은 놀랍지 않다.[68] 한때 귀했지만, 지금은 이렇게 '풍족'하게 고기를 먹을 수 있는 것은 인간이 지구의 많은 생명들을 갉아먹었기에 가능한 것이다. 전 세계 포유류의 96퍼센트는 인간이 먹기 위해 가축으로 기르고 있는 포유류와 인간 자신이다. 전 세계 조류의 70퍼센트 또한 인간이 먹는 닭과 다른 조류가 차지한다. 또, 한국인이 하루 배출하는 음식물 쓰레기는 1만5000톤에 달하며[69], 국제연합식량농업기구 FAO에 따르면 전 세계에서 생산하는 음식의 대략 3분의 1은 버려진다고 한다.[70] 인간은 이렇게 음식을 먹고 남기고 버리는데, 정말 '살기 위해' 먹는다고 할 수 있을까? 아니면 인간은 인간이라는 종만 생존시키기 위해 먹고 사는 걸까? 인간은 살기 위해 먹는 것이 아니라, 음식과 생명을 마음대로 먹고 버리는 인간의 (권리라고 착각하는) 오만을 누리기 위해 사

68 김민석 외, 「1990년부터 2013년까지 우리나라 축산부문 온실가스 배출량 평가」, 농촌진흥청 국립축산과학원·강원대학교 동물생명과학대학, 2016.

69 "음식물 쓰레기: 동물 사체, 생리대 나오는 음식물 쓰레기... '음쓰'의 여정을 따라가다", 『BBC코리아』, 김형은 기자, 2019.6.6.

70 www.fao.org/save-food/resources/keyfindings

는 것은 아닐까?

굳이 육식을 끊어야 하나?
당장 필요를 느끼지 못하는데

어린 시절에는 더위를 피해 에어컨 있는 곳에서 치킨을 먹을 때, 솔직히 기후변화의 참혹한 결과에 대해서 생각해본 적이 없다. 환경을 지키고자 하는 이상이 있어도, 일상적으로 소비하는 음식이 어떠한 피해를 만드는지 잘 몰랐던 것이다. 나를 되돌아보자면, 눈앞의 이익에 관여된 직장과 학교생활, 그리고 인간관계에, 매끼 미래의 환경에 대해 신경 쓰기 불편했다. 현실적으로 고기를 소비하는 게 더 편했고, 더 맛있게 보였다. 막연히 채식으로는 먹을 것이 없거나, 생계를 지키기 바빠서 주의깊게 생각하지 않았다.

하지만 당장의 필요와 효율을 만족시키려고 우리가 실제로는 얼마나 비효율적인 식사를 하고 있는지 생각해볼 필요는 있다. 나무를 심고 분리수거를 해서 환경을 살폈는데, 그 이후 가볍게 소비한 고기가 환경을 참혹하게 파괴한다. 풍족하게 먹기 위해 공장식 축산으로 동물을 기르면 농작물 재배를 하는데 생태적 피해가 온다. 더워서 먹은 삼계탕이 오히려 이 세상을 뜨겁게 하고, 사람들은 에어컨과 공기청정기를 구입해야 하며, 심지어 건강의 손실로 이어져 병원비까지 지출해야 하는 지경에 이른다. 텔레비전에서는 기후변화의 위험성에 대해 알리는 공익방송을 내보낸 직후 치킨을 홍보하는 역설적인 현상이 자주 일어난다.

당장의 문제 해결이 또 다른 문제와 비극으로 이어지는 역설적인 삶에서 우리가 정말 고심해야 하는 질문은, "육식을 줄이는 것이 우리 현재의 삶에 당장 필요한가"가 아니다. "우리가 얼마나 많이 줄일 수 있는가"이다. 필요 중심적으로 살아온 나 또한 처음에는 이 질문이 무슨 뜻인지 정확히 와닿지 않았다.

환경 실천은 '눈앞의 필요'가 중점이 아니다. 현재 삶에 큰 피해와 필요를 느끼지 않고 잘 모르는 것은 당연하다. '필요'를 느끼는 환경 실천은 논리적 모순이다. 이미 누리고 익숙해져 있는 환경의 자원에서, 눈앞의 필요를 피부로 느낀다는 것은 그것이 턱없이 부족할 때나 가능하기 때문이다. 하지만 기후변화와 자원 부족은 시시각각으로 가까워지고 있는 현실이다. 우리가 그것을 느낄 정도로 생태계가 파괴될 정도일 때면, 이미 돌이킬 수 없이 늦을 때일 것이다.

결국 "육식을 줄이는 것이 우리 현재의 삶에 당장 필요한가"가 보다 "우리가 얼마나 많이 줄일 수 있는가"가 중요하다. 가장 효율적인 삶은, 당장 필요에 의해 계산하는 삶이 아니라 미래를 위해 지금부터, 당장, 바로 할 수 있는 것을 선택하는 삶이다.

6. 죽이고 토막 내고 매장하는 사람들: 축산업 노동자 이야기

어느 노동자의 죽음

축산업에서 '고기'라는 상품이 되기 위해 사물처럼 취급되는 동물은 여러 고통을 겪는다. 축산업은 지구온난화와 수질오염 등 다양한 환경문제의 주범이기도 하다. 또한 축산업은 이 산업을 움직이고 고기를 소비하는 사람들에게도 직접적인 문제를 일으키고 있다. 환경파괴나 항생제 사용으로 인한 피해만이 아니다. 여기서는 축산업에 종사하고 있는 노동자들이 겪는 일에 대해 이야기해보려고 한다.

2017년 5월 경북 군위군의 한 돼지농장에서 네팔인 이주노동자 두 명이 분뇨처리시설에서 일하다 유독가스로 인해 질식사했다. 이 농장은 4천여 명의 돼지를 사육하는 곳이다. 당연히 매일 돼지 분뇨가 상당량 배출된다. 네팔에서 온 청년 테즈 바하두르 구릉과 차비랄 차우다리는 사고가 있던 날, 고장으로 인해 막힌 분뇨 이동통로를 뚫기 위해 직접 정화조에 들어가 작업하다 숨졌다. 분뇨시설은 밀폐되어 있었고 다량의 분뇨가 내뿜는 기준치의 2.5배에 이른 황하수소가 질식사의 원인이었다. 많은 노동자의 죽음이 그렇듯, 이들도 안전교육을 받지 못했고 작업용 마스크 등 안전장치도 보급 받지 못했다. 비슷한 사건이 매년 발생한다. 같은 해 여주에서는 양돈농장에서 두 명이 사망하고 한 명이 부상을 입었다. 2018년 4월 경남에서도 축산농장에서 사망사건이 일어났으며, 충북 청주에서는 알코올 발효 사료 저장탱크를 청소하는 노동자 두 명이 사망했다.

이뿐만이 아니다. 통계청의 2016년 업종별 산업재해 현황 자료에 따르면, 축산업을 포함한 농업의 재해율은 0.90퍼센트로 광업(13.75)과 임업(1.54)에 이어 세 번째로 높다.[71] 그중에서도 돼지농가에서 일하는 사람의 업무상 질병 유병률은 11.4퍼센트로 농업 분야에서 가장 높았고, 논에서의 업무상 손상 발생률 1.7퍼센트보다 축산농장에서의 손상 발생률이 4퍼센트로 두 배 이상이었다. 다른 국가에서도 마찬가지다. 미국의 경우 공장식 농장에서 5년 이상 일한 노동자의 50퍼센트가 업무 중 상해를 입은 경험이 있다고 한다. 공

---

[71]   수치가 작아 언뜻 안전한 직종인 것처럼 보일 것이다. 하지만 한국의 산재인정률이 낮은 편이고, 3D업종의 노동조건이 열악하다는 점을 감안해야 한다. 근로계약 없이 일을 하거나 미등록 이주노동자라서 법의 보호를 받지 못하는 이들이 상당하기 때문이다. 또한 흔히 농업보다는 건설업이 더 위험하다고 간주되지만 통계상 농업의 재해율이 더 높다는 점도 고려하면, 우리의 인식이나 통계수치보다 실제 위험이 훨씬 더 크다고 생각할 수 있다. 이런 추론이 합리적이라는 것은 주 75의 인권위의 조사자료가 입증한다.

장식 축산업에서 노동자가 다치거나 병에 걸리거나 사망하는 데는 여러 이유가 있다. 앞의 사례처럼 암모니아나 황화수소가 원인일 수도 있고, 공기 중에 떠다니는 박테리아에 감염되기도 한다. 축산농장 노동자의 70퍼센트가 호흡기와 관련된 질환을 경험한다.[72] 설비나 기계 사용의 안전 문제로 다치거나 근골격계 질환을 얻게 되고 영구적인 장애를 입기도 한다.

한국 농축산업의 고용인원 중 이주노동자가 차지하는 비율은 2010년 67퍼센트를 넘어섰고 점점 늘어나고 있다. 이것은 무엇을 의미하는가? 이 업종의 노동조건이 열악하다는 것이다. 이주노동자는 임금이 낮고 환경이 좋지 않으면서 힘이 많이 드는 일이라도 거절할 수 없는 상황에 처해 있다. 국가인권위원회가 발표한 자료와 관련 논문에 의하면, 농축산업 노동자 산업재해율은 산업 전체 재해율의 두 배 이상에 이르며, 농축산업 이주노동자의 57.8퍼센트가 산업재해를 경험했다고 답했다.[73]

72 *"The Human Victims of Factory Farming"*, *One Green Planet*, Lindsay Patton, 2015.

73 권민지 외 5명, "2015 농축산업 이주노동자 근로환경 관련 법제 연구", 「공익과 인권」 15호, 2015. 346쪽; 인권위원회, 「농축산업 이주노동자 인권상황 실태조사」, 2013.

도축장 노동자의 정신건강

2010년 구제역 파동은 우리에게 여러 생각할 거리를 준다. 2011년 4월경까지 지속된 구제역으로 인해 가축 약 350만 명이 살처분됐다. 뉴스에는 돼지가 산 채로 구덩이로 던져져 산더미처럼 쌓이고 땅속에 생매장되는 장면이 보도되었다. 구제역, 돼지독감, 조류독감 등의 질병은 한번 번지기 시작하면 걷잡을 수 없는 규모가 되기 쉽다. 대규모 농장의 좁고 오염된 공간에 너무 많은 동물들이 갇혀 있기 때문이다. 이 일을 계기로 많은 사람들이 공장식 축산에 대해 고민하게 되었고 채식을 시작하기도 했다. 생매장된 가축의 사체가 썩기 시작하자 인근 지역의 땅과 물이 오염되는 문제도 나타나기 시작했다. 공장식 축산이 환경에 미치는 영향에 대한 인식도 싹튼 것이다.

그리고 또 한 가지 우리 사회가 고민해봐야 할 문제가 있다. 당시 구제역 살처분에 투입된 사람들 중 많은 이들이 스트레스와 트라우마에 시달렸다. 축협에서 근무하던 직원이 살처분 작업 참여 이후 스스로 목숨을 끊으면서 이런 문제가 알려지기 시작했다. 이 직원은 작업 이후 악몽을 자주 꾸고 괴로워했다. 그는 자살 직전 사표를 제출했으나 받아들여지지 않았다. 이후 법원은 이 직원의 죽음이 업무상 재해에 해당한다고 인정했다.

우리는 보통 살아 있는 생명체를 함부로 대해서는 안 된다고 배운다. 하지만 어떤 직업 현장에서는 동물을 죽이고 사체를 해체하는 일을 매일 몇 시간씩 해야 하는 사람들이 있다. 자신이 속한 사회가 중요하게 생각하는 윤리규범과 정 반대되는 일을 해야 할 때, 대부분의 사람들은 자괴감을 느 낄 것이다. 살처분 작업을 했던 사람들이 아무 잘못이 없는 동물들을 생매장하는 일을 몇 개월에 걸쳐 진행하면서 그런 괴로움에 시달렸을 것이라고 추측하는 것이 무리는 아닐 것 이다. 공장식 축산농장에서 동물을 죽은 상품처럼 대하고, 도축장에서 동물을 죽이는 일 역시 마찬가지다. 축산업 노동 자는 신체적 질병이나 상해의 위험에 노출될 뿐 아니라, 심 리적·정신적 타격에도 노출된다.

세계에서 두 번째로 닭고기를 많이 수출하고 있는 브라 질에서, 닭 도축장의 노동자가 겪는 정신적 문제와 업무의 종류 및 노동조건 사이의 관계를 규명하는 연구가 있었다.[74] 이 연구는 도축장 노동자의 스트레스가 얼마나 높은지 보여 주기 위해 열악한 환경에서 일하는 대학의 노동자와 대학생 을 비교집단 삼아 조사했다. 그 결과 도축장 노동자는 대학 내 노동자보다 불안이 14포인트가량 높은 82.4포인트에 달 했고, 우울감은 53.6포인트로 대학생의 34.2보다 현저히 높 았다. 또한 같은 도축장이라고 해도, 직접 동물을 죽이는 일

74 Claudio Simon Hutz · Cristian Zanon · Hermindo Brum Neto, "Adverse working conditions and mental illness in poultry slaughterhouses in Southern Brazil", Psicologia: Reflexão e Crítica, vol.26 no.2, 2013.

을 맡은 노동자는 포장 및 냉동 작업을 하는 노동자보다 부적응, 불안, 우울 등에서 훨씬 높은 수치를 보였고, 도축장의 관리직 노동자와는 비교할 수 없는 수준이었다.

도축장에서 일하는 노동자의 심리적 문제는 도축시설이 모여 있는 지역사회에도 영향을 준다. 여러 분야의 연구자는 도축시설이 들어선 지역의 범죄율이 증가한다는 점에 주목했다. 연구 초기에 미국의 학자들이나 정부, 경찰은 범죄율의 원인이 도축장에 취업한 젊은 이주민 남성에게 있다고 생각했다. 그러나 최근 연구에서는 이주노동자 비율이 높은 다른 산업의 경우 지역사회의 범죄율에 특별한 영향을 주지 않는다는 것이 밝혀졌다. 이와 달리 도축장의 고용이 증가하면 그 지역의 강간과 성폭력, 가정폭력과 아동학대에 대한 체포와 신고가 현저히 증가하는 연관 관계가 나타났다.[75]

두 연구를 종합해보자면, 축산업에 종사하는 노동자들이 극심한 스트레스와 불안을 경험하게 되며, 이러한 정신적 동요가 가족과 이웃에 대한 폭력으로 이어진다고 할 수 있을 것이다. 살아 움직이는 동물을 무기나 기계를 이용해 죽이고, 거꾸로 매달아 피를 뽑고, 내장을 적출하고 조각내는

---

75   Amy K Fitzgerald · Linda Kalof · Thomas Dietz, "Slautherhouses and Increased Crime Rates: An Empirical Analysis of the Spillover From 'The Jungle' Into the Surrounding Community", Organization & Environment, Volume: 22 issue: 2, 2009, pp 158-184.

과정은 결코 쉬운 일이 아니다. 피가 흥건하게 묻은 앞치마를 두르고 빠르게 돌아가는 작업벨트 앞에서 숨 쉴 틈 없이, 이와 같은 노동을 장시간 한다는 것은 매일 끊임없이 고통과 죽음을 마주한다는 것이기 때문이다.

노동자와 연대하는 동물운동

이처럼 공장식 축산업이 동물뿐 아니라 그 산업에 종사하는 노동자들에게도 육체적·정신적 문제를 일으킨다면 우리가 다시 생각해보아야 할 것이 있다. 흔히 축산농장이나 도축장에 잠입하여 취재한 영상은 노동자들이 동물을 학대하는 장면을 많이 담는다. 이는 마트에 진열된 깔끔하고 고급스러운 포장의 고기나 식탁 위의 먹음직스러운 고기가 어떻게 생산되는지 알려주고 경각심을 주기 위한 것이다. 하지만 많은 경우 그 노동자들이 어떤 상황에 놓여 있는지 설명하지 않기 때문에, 시청자는 노동자들의 행동을 악마화하기 쉽다. 달리 말해, 농장과 공장, 도축장에서 일하는 사람들이 소, 돼지, 닭, 거위 등을 다루는 방식을 나쁜 마음을 먹은 개인의 비윤리적인 행동으로 치부하기 쉬운 것이다.

하지만 축산업을 비롯해 동물을 사용하는 산업체에서 일하는 노동자는 그곳의 동물만큼이나 폭력적인 상황에 놓여 있으며 엄청나게 착취당한다. 이들은 대부분 대기업이나 초국적 기업과 불공정한 계약관계에 있는 말단 하청업체에서 일한다. 급여 수준은 매우 낮고 시간당 주어진 업무량 이상을 달성해야 수당을 받는다. 짧은 시간 동안 업무량을 채워야 하기 때문에 노동의 대상인 동물을 윤리적으로 대우한다는 것은 거의 불가능하다. 가령 거위털이나 오리털을 뽑을 때 마취를 하거나, 자연스럽게 떨어진 털만 줍는 것은 이런 작업장에서는 허용되지 않는다. 동물의 비명소리, 고통스러워하는 몸짓과 표정, 죽음, 낭자한 피를 반복해 접하면, 노동자 스스로도 강도 높은 괴로움에 무감각해져야 한다. 그래야만 이 일을 계속하면서 생계를 이어나갈 수 있다.

노동자가 동물을 학대하도록 요구하며 부추기는 것은 바로 노동조건이다. 이들을 신체적 위험과 정신적 병리에 빠트리는 것도 이 산업의 구조다. 물론 그렇다고 해서 직접적인 범죄를 저지르거나 동물에게 불필요한 폭력을 저지르는 사람의 개인적 책임이 없는 것은 아니다. 그런 환경에 놓인다고 해서 모두가 폭력을 과장하고 범죄에 가담하는 것은 아니기 때문이다. 하지만 생계를 위해 축산농장이나 도축장에 취업한 사람들은 대개 빈곤한 저임금 노동자다. 이들에게 윤리적 책임을 위해 일을 그만두거나 작업 방식에 관해 업주에게 저항하라고 요구하기는 어렵다. 동물학대 노동을 계속하면서 고통받거나 아니면 일을 그만두는 극단적인 선택지를 주는 대신, 우리는 이 산업의 구조와 제도 자체를 문제삼아야 할 것이다.

이런 관점에서 보는 것은 "그 사람도 어쩔 수가 없지" 하고 체념하기 위한 것이 아니다. 오히려 이들의 노동조건을 개선함으로써 축산업에 희생되는 동물의 상황을 개선하는 방향으로 나아갈 수도 있다. 농장과 도축장의 노동자들이 신체적, 정신적으로 안전하게 일할 수 있는 조건을 만들기 위해서는 사육과 도축 과정에서 동물의 고통을 최소화해야 하기 때문이다. 동물에게 적절한 환경을 제공하는 농장과 도축장은 노동자의 안전과 건강도 어느 정도 보장할 수 있다. 물론 '인도적 도살'이라는 말이 형용모순이며, 아무리 고통이 없더라도 동물의 생사를 인간이 결정하는 것 자체가 문제라고 할 수도 있다. 하지만 단기적인 목표로서 공장식 축산의 규모를 줄이고 동물의 고통을 감소시키고자 할 때, 축산업에 종사하는 노동자들과 소통하고 연대하는 일은 중요하다.

그리고 이런 관점을 통해, 동물을 직접 사육하거나 도축하지는 않지만, 폭력적인 사육과 도축을 묵인하는 사회에 대한 우리 자신의 책임도 생각해볼 수 있을 것이다. 우리가 더 저렴한 고기를 찾고, 모피나 가죽의 값이 떨어져 대중화되기를 바라거나 그런 것을 선호할수록, 동물산업에서 동물과 노동자는 더 많은 착취와 폭력에 처한다. 동물을 죽인다는 단편적인 행동에 집중할 것이 아니라, 그렇게 일하도록 하는 경제적, 제도적 원인을 함께 제거해나가는 것은 노동자에게도, 동물에게도 그리고 소비자이자 동물을 존중하려고 하는 사람들에게도 분명 도움이 될 것이다.

7.   구내식당에 비건식단을!

도시락 두 개

패기 넘치게 비건 식생활을 시작했을 때, 나는 한동안 도시
락을 두 개씩 들고 다녔다. 평일뿐 아니라 주말이나 공휴일
에도 특별한 일이 없으면 대학원 연구실에 틀어박혀 있던 터
라, 두 끼를 학교에서 해결해야 했다. 덩어리 고기뿐 아니라
계란이나 유제품도 먹지 않게 되자 대학 안팎에서 먹을 수
있는 것은 거의 없었다.

　다행히도 내가 다니는 대학 인근에는 종교적인 이유로 채
식을 하는 주민들이 많아 비건식당이 여럿 있지만, 매번 학
교 밖으로 나가 7~8,000원짜리를 사 먹기에는 여러모로 부
담됐다. 학교식당에서는 1,500원짜리 김밥과 라면부터 2,800
원짜리 기본 메뉴와 4~5,000원짜리 양식까지 다양한 메뉴가
있지만, 십수 가지 메뉴 중에 내가 고를 수 있는 것은 하나도
없었다. 가장 가까운 것이 소이까스(콩고기를 돈까스처럼 만든
것)였는데, 그나마도 콩고기와 샐러드에 끼얹는 드레싱을 빼

야 했다. 소이까스 소스에 육수가 들어갔는지 확인할 방법이 없었고, 샐러드 드레싱은 늘 마요네즈나 요거트가 섞인 것이었기 때문이다. 소이까스 옆에 햄이 들어간 볶음밥을 곁들여 내서 황당하기도 했다.

　도시락 두 개를 들고 다니는 생활은 오래가지 못했다. 점심 도시락이 감자나 고구마, 과일 같은 것으로 바뀌고, 몇 달 지나자 그것도 그만두게 됐다. 장보기, 요리, 설거지가 매일 일정하게 순환되어야 하는데 가사노동에 그렇게 많은 시간과 품을 들일 수가 없었다. 출퇴근이 따로 없이 늘 책상 앞에 붙어 앉아 있고 집에서는 씻고 잠만 자는 대학원생은 컵라면이나 김밥을 먹으며 글을 쓰거나 공부를 해야 하는 상황에 자주 처한다. 논문자격시험을 앞두고 에어컨도 없이 공부하던 한여름, 짜장면인지 피자인지를 주문해 먹은 것으로 모든 것이 무너졌다.

일주일에 하루 채식 제공이 역차별?

학식 중 가장 저렴한 식사는 거의 대부분 고깃국이나 고기 덮밥이었기 때문에 골라낼 재간도 없었다. 주요 반찬은 대부분 고기라서 그걸 빼고 나면 젓갈 들어간 김치가 전부였다. 반찬마다 값을 따로 매겨 골라 먹는 시스템도 아니고 정해진 식단이 모두에게 똑같이 제공되는지라 채소 반찬만 많이 받을 수 있는 것도 아니었다. 아마 대개의 구내식당이 그럴 것이다.

나는 대학 커뮤니티 건의 게시판에 일주일에 하루만이라도 채식을 제공해달라는 글을 썼다. 정치적, 윤리적 이유뿐 아니라, 건강이나 종교 등 다양한 이유로 채식을 하는 이들이 공공식당을 이용할 권리를 조금이나마 보장하라는 것이었다. 마침 '고기 없는 월요일' 캠페인도 있고, 서울시에서도 주 1회 채식 식단 공급에 관심을 보인다는 이야기를 들었기에, 내가 다니는 서울시립대학교에서도 해봄직하다고 생각했다.

뜻밖에도 여러 학생들이 강렬한 반대 의견을 내놓았다. 논리는 간단했다. "인간은 원래 육식을 겸하는 잡식동물이고, 잡식이 기본 식생활이자 문화이다." "스스로 채식을 선택하는 것을 반대할 이유는 없지만, 본인이 원해서 채식을 선택해놓고 다른 사람이 채식을 하도록 강제하는 것은 역차별이다." 즉 잡식주의자들의 고기 먹을 자유와 선택권을 박탈한다는 것이다.

이것이 정말 역차별일까? 역차별은 사회적 약자나 차별받는 집단이 받은 불이익을 조정하고 보상하기 위한 조치가 거꾸로 기존의 지배적 집단에게 불이익을 준다는 것을 의미한다. 미국의 '소수계 우대 정책^{Affirmative action}'이 대표적인 사례다. 이는 대학입시나 공무원 채용 시 차별을 당하는 인종에게 가산점을 주거나 일정 비율을 배당하는 조치다. 이 정책은 끊임없이 역차별 논란에 휩싸였다.

개인의 입장에서 보면, 자신이 인종차별주의자, 성차별주의자, 장애인차별주의자도 아닌데, 억울하게 교육과 구직에서 기회가 줄어든다고 생각할 수 있다. 하지만 소수자나 사회적 약자 집단을 적극적으로 차별하지 않더라도, 우리가 다수자에 속한다면 소수자에 대한 사회구조적 차별로 인한 반사이익을 얻기 마련이다. 예컨대 건물의 구조와 교통수단이 장애인이 아니라 비장애인의 신체에 최적화되어 있기 때문에, 비장애인인 사람은 장애인보다 훨씬 편하게 이동할 자유와 권리를 누린다. 비장애인의 이동의 자유와 장애인의 이동권 박탈의 차이는 단지 외출을 할 수 있냐 없냐의 문제에서 그치지 않는다. 이것은 교육, 구직과 경제활동, 취미생활과 문화생활, 대인관계 등 삶의 다양한 영역에서 엄청난 차이를 낳는다. 삶 전반에 걸친 차별과 그에 따른 결과를 시정하려면 적극적인 조치와 사회적 비용이 필요하다.

어떤 제도가 역차별인지 아닌지를 보려면, 당장 다수의 기회나 가능성이 감소하는 문제보다는 장기적으로 볼 때 다수에 속하는 사람이 반사이익을 누리지 않았는지를 따져봐야 한다. 채식의 경우도 마찬가지다. 잡식인이 일 년 365일 고기를 먹을 자유를 누리고 수없이 많은 선택지 중 고민하는 동안, 채식인은 식사를 하기 위해 몇 배의 노력을 기울여야 한다. 채식인을 위한 사이트와 어플리케이션을 찾고 식재료에 대한 정보를 수집하고, 커뮤니티에 가입하고, 조리법을 개발한다. 무더위와 맹추위 속에서 식당을 찾아 헤매는 것과 굶는 것 중 하나를 선택해야 할 때도 부지기수다. 채식주의자라고 밝힐지 말지 결정하기 위해 눈치를 봐야 한다. 민폐를 끼칠까 봐 혼자 밥을 먹는 일이 반복되면, 동료들과의 관계가 자연히 멀어지면서 학업이나 업무에 관한 정보에서 소외되기도 한다. 이런 격차를 감안하면 일주일에 하루를 채식으로 전환하는 것이 역차별이라는 주장은 별로 설득력이 없다.

잡식인이 일주일에 하루를 양보하면, 채식인은 일주일에 하루는 가까운 곳에서 저렴한 가격으로 간단하게 식사를 할 수 있는 평범한 기회를 한 번 얻게 된다. 고기를 선택할 자유는 사실상 박탈되지 않는다. 대개 공공시설 주변에는 수많은 음식점이 있고, 그 식당들에서 파는 음식에는 대부분 고기가 포함되어 있기 때문이다. 값싼 채식 식사를 할 수 있는 식당이 많고, 비건 식재료를 판매하는 가게가 충분하다면 이런 조치가 절박하지 않을 수도 있다. 하지만 식문화가 육식을 기본으로 구성되어 있을 때, 공공식당에 채식 메뉴를 구비하는 것은 소수를 위해 다수를 희생시키는 게 아니라, 기본적인 권리를 누리지 못하는 이들을 위한 적극적 임시조치다.

더군다나 차별 관계의 당사자를 채식인과 잡식인이 아니라 비인간 동물과 인간 동물로 바꿔보면 상황은 더욱 분명해진다. 정치적·윤리적 목적으로 채식을 하는 이들이 요청하는 것의 핵심은 채식주의자를 배려해달라는 것이 아니라 공장식 축산과 육식으로 인해 고통 받는 비인간 동물을 윤리적 대상으로 고려하라는 것이다. 호의를 베풀라는 것이 아니라 책임을 나누라는 것이다. 자신이 먹은 것에 들어 있는 폭력에 대해 응답하고 책임져야 한다는 주장을 역차별이라고 부르는 것은 좀 뻔뻔한 일 아닐까?

네 선택이니까 알아서 챙기라고?

채식의 어려움을 호소하거나 공공식당에 채식 메뉴가 필요하다고 말하면, 많은 사람들은 이렇게 대꾸한다. "개인적 선택을 위해서 규칙까지 바꿔야 해? 네 선택이니까 네가 알아서 해! 전체를 생각해야지!"

전체를 먼저 생각해야 한다는 것은 무슨 의미일까? 물론 규모가 큰 시설이나 기관에서 제공하는 서비스가 모든 사람의 취향과 상황을 정확히 겨냥해서 모두를 만족시키는 것은 불가능하다. 가령 어떤 사람들이 단지 견과류를 싫어한다고 해서 학식 재료로 견과류를 절대 쓰면 안 되도록 규칙을 바꾸는 것은 부당하다. 하지만 구성원 중에 견과류 알레르기가 있는 사람이 존재하는데도 아무 조치를 취하지 않고계속 견과류를 반찬에 섞는다면 그것은 알레르기 보유자를부당하게 배제하는 일이 된다. 단 한 사람이라도 알레르기가있다면 이를 고려해 식단을 짜는 것이 오히려 전체를 생각하는 것이다. 비건메뉴를 마련하는 것 역시 마찬가지다. 왜냐하면 집단급식소는 공공시설이고, 채식은 단지 취향의 문제가 아니기 때문이다.

식품위생법에 따르면 '집단급식소'는 기숙사, 학교, 병원, 사회복지시설, 산업체, 공공기관 등에서 운영하는 식당으로서, 영리를 목적으로 하지 않는다. 말하자면 집단급식소는 공공성을 갖춰야 하는 시설이다. 공공성이란 한 사회의 제도나 기반시설이 특정 개인이나 집단의 전유물이 되기보다는 사회구성원 전체에 이익이 되도록 구축되고 운영되어야 한다는 것을 의미한다. 교육, 방송과 미디어, 의료, 전기와 가스, 대중교통 등이 대표적으로 공공성을 중요시하는 영역이다.

학교나 직장의 구내식당은 단순한 복지시설이 아니라 공공성을 추구해야 하는 시설이다. '밥을 먹는다는 것'은 그저 생존에 필요한 영양분을 채워 넣는 것이 아니며, 사회구성원이 인간다운 삶을 갖추는 데 필수적인 사안이다. 식사는 생존에서부터 양심과 윤리, 정치적 입장까지 다양한 차원에 관련되기 때문이다. 구내식당은 일종의 공공시설로, 해당 구성원이 다양한 차원에서 최대한 자신에게 적합한 식사를 할 수 있도록 해야 한다.

생존과 건강 유지의 차원에서, 공공식당은 구성원이 적절한 영양분을 섭취하고 자신의 건강을 유지할 수 있는 식단을 제공해야 한다. 구성원 중에는 유제품이나 동물성 식품에 알레르기가 있거나 소화를 시키지 못하는 사람도 있다. 질병이 있거나 회복 중인 사람, 소화계통에 장애가 있는 사람도 있다. 학교와 관공서, 직장의 구내식당은 이런 구성원들 역시 안전한 환경에서 편안하게 식사를 할 수 있는 권리를 보장해야 한다.

이것은 단지 끼니를 때울 권리를 보장하는 문제가 아니다. 학습권과 노동권의 차원에서도 공공식당에서의 채식 제공은 중요하다. 교육기관과 직장 내에서 시간과 비용을 절약하며 자신에게 안전한 식사를 하는 것은 편안한 환경에서 학업과 노동에 종사할 수 있게 하는 조건 중 하나다. 질병에 취약하거나 장애가 있는 경우, 학교나 직장에서 자신에게 적합한 식사가 제공되지 않는 것은 건강, 시간, 비용, 스트레스 등 다양한 측면에서 학습과 노동의 권리를 침해하거나 질을 떨어뜨리는 요소가 될 것이다. 구내식당 또는 집단급식소는 해당 구성원들의 복리후생을 위한 것이기에, 제공되는 서비스에서 배제되는 구성원이 없도록 해야 한다.

또한 식사는 관계를 매개하는 것이다. 사람들은 가까워지고 싶은 사람과 맛있는 식사를 하고, 친한 사람들과 즐거운 시간을 보낼 때 좋은 음식을 준비한다. 감사와 애정을 표현하기 위해 식사를 대접하고, 반대로 싫어하거나 불편한 사람과 밥을 먹으면 입맛이 없고 체할 것 같은 기분을 느낀다. 학교와 직장에서 식사는 같은 공동체나 조직에 속하는 사람들과 친밀하고 부드러운 관계를 맺고, 협력과 상호부조의 분위기를 조성하는 데 도움이 된다. 뿐만 아니라 식사시간은 정보를 교환하고 의견을 나누는 시간으로 활용되기도 한다. 그런데 어떤 이유로든 동물성 식품을 먹지 않는 구성원은 여기에 끼지 못한다. 함께 자리를 하더라도 좌불안석일 것이고, 편하게 식사를 하려면 혼자 도시락을 먹거나 외부 식당을 찾아가야 할 것이다.

마지막으로 식사는 양심과 사상, 종교적, 정치적 자유와도 관련된다. 어떤 것을 먹고 먹지 않을지를 결정하는 데는 건강뿐 아니라 신념과 믿음도 중요하다. 사람에 따라서는 취향이나 건강보다도 오히려 신념이나 양심이 더욱 중요할 수 있다. 식사는 단지 끼니를 때우고 에너지원을 섭취하는 것이 아닌 매우 복잡한 문화적·정신적 행위이기도 하기 때문이다. 조직의 구성원을 위한 복지 서비스로서의 구내식당이나 집단급식은 각 구성원이 양심과 신념에 따라 선택할 수 있는 식단을 충분히 마련해야 한다.

사회 변화와 식사의 자유

대학 커뮤니티에 내가 쓴 글에 동의하는 댓글이 몇 개 있었다. 그중 내가 미처 생각지 못한 것도 있었다. 외국에서 유학을 온 학생 중 종교와 문화 규범상 돼지고기나 소고기를 먹지 않는 이들이 유학생활을 하는 동안 힘들어한다는 것이다.

생각해보니 이들은 주로 기숙사에서 생활하고 있으니 따로 음식을 해 먹을 수도 없는 상황이었다. 대학은 대학평가에서 좋은 점수를 받기 위해 세계 각지에서 유학생을 받고, 이들에게 기숙사 비용이나 학비를 비싸게 받는 경향이 있다. 그런데 특히 이슬람교나 힌두교 문화 속에서 성장한 유학생은 비싼 비용을 치르면서도 식사조차 마음 편히 할 수 없는 생활을 짧게는 몇 개월, 길게는 몇 년씩 지속하는 것이다.

우리는 보통 로마에 가면 로마법을 따라야 한다는 말로, 공동체에 새로 들어온 사람이 기존 질서에 따라야 한다고 주장한다. 하지만 다양한 가치관과 문화적 배경을 가진 사람들이 점점 많아지면, 공동체가 질서를 바꿔야 한다. 한국 사회는 인종, 민족, 종교, 문화면에서 다원화되고 분화하는 속도가 점점 빨라지고 있다. 한국 사회 안에서 살아가는 사람들이 기본적인 권리이자 중요한 문화적 행위인 식사를 자유롭게 선택하고 누릴 수 있는 장치들이 필요하다.

자유에는 두 가지 종류가 있다. 하나는 법적인 권리로서의 자유이고, 다른 하나는 그 권리를 실질적으로 실행할 수 있는 자유이다. 일반적으로 사람들은 "채식하는 건 당신 자유이지만, 학식에 일주일에 한 번 채식 식단을 내라고 하는 것은 육식의 권리를 제한하는 것"이라고 말한다. 그때 채식의 자유는 일종의 법적 권리이다. 하지만 한국 사회에서 그것은 아직 추상적인 자유이다. 법적으로는 누구에게나 거주이전의 자유가 있지만 빈곤층은 실질적으로 원하는 곳에 원할 때에 집을 마련해 살 수 없는 것과 마찬가지다. 육식을 법적으로 강제할 권리는 누구에게도 없고 우리는 누구나 자신이 먹을 것을 선택할 자유가 있지만, 식당에서 제공되는 음식이 거의 대부분 육식 위주인 사회에서, 실제로 채식을 실행할 수 있는 자유가 별로 없기 때문이다.

비건식단을 마련하면 집단급식소는 밥을 먹을 때 급식소의 공공성에서 배제되는 사람을 포괄할 수 있고, 그들의 실질적인 자유의 가능성을 높일 수 있다. 이것은 개인을 배제하고 희생해 전체의 효율성을 높이는 대신, 개인의 자유와 전체의 공공성을 상호적으로 조절하는 것이다. 급식소의 사정에 따라, 주중 하루는 온전히 비건식단을 제공할 수도 있고, 매일 비건식단과 잡식식단을 둘 다 제공할 수도 있을 것이다. 여러 개의 식단을 동시에 마련하는 것이 가능한 시설과 규모를 갖춘 급식소라면 여러 메뉴 중 한두 가지는 채식으로 내는 것이 불가능하지 않다. 이런 방식으로 구내식당이나 집단급식에 비건식단을 마련하는 것은 채식을 강요하고 육식을 원하는 이들의 선택권을 제한하는 게 아니라, 채식인의 실질적 자유와 권리를 증대시키는 것이다. 더 많은 사회 구성원들이 더 많은 자유를 누리도록 하는 것이 가치 있는 일이라는 생각에 동의한다면, 구내식당의 비건메뉴 제공에도 동의할 수 있지 않을까?

8. 길고양이와 공존하는 도시는 가능할까?

도둑고양이 때문에 못살겠다고?

밤 11시가 다 된 시간, 골목 한 귀퉁이에서 작은 고양이가 운다. 잠시 후 오토바이 굉음이 들리더니, 배달 기사는 시동을 켜둔 채 온 동네에 다 들리도록 "치킨이요!" 하고 외치면서 쿵쾅쿵쾅 계단을 올라간다. 나는 오토바이가 사라진 뒤 사료와 물을 챙겨 조심스럽게 현관문을 열었다. 이웃집 남자가 골목에 나와 있는 걸 발견하고 사료 그릇을 신발장 위에 내려놓았다. 남자는 내게 큰 소리로 말을 걸었다. "이놈의 고양이 때문에 시끄러워서 못살겠어요, 아주. 이 건물 어디서 밥 주는 것 같은데 못 하게 좀 하세요!" 나는 별 말 없이 문을 닫았다. 잠시 후 남자는 골목에서 전화통화를 했다. 십여 분 정도 계속된 통화 내내 누군가와 다투는지 날카로운 목소리가 창을 뚫고 들어왔다. 나는 속으로 생각했다. "누가 누구더러 시끄럽다는 거야!"

사람들은 왜 이렇게 길고양이를 미워할까? 사람들은 고

양이가 쓰레기봉투를 뜯거나 똥을 싸놓아서 주변이 더러워지고, 고양이들끼리 싸우거나 발정기가 오면 밤마다 동네가 시끄럽다고 싫어한다. 그런 이유로 길고양이 퇴치 방법을 묻거나 밥을 주지 말라고 항의하는 사람들이 많다. 하지만 배달 오토바이 때문에 스트레스를 받는다며 오토바이를 골목에 들어오지 못하게 할 방법을 묻거나 야식을 배달해 먹지 말라고 항의하는 사람은 없다. 술에 취해 길에 소변을 보거나 토사물로 길목을 더럽혀놓는다고 해서 동네에서 사람을 모두 몰아내야겠다고 생각하지 않는다.

얼마 전 한 남성 노인이 대전에서 8년간 쥐약으로 고양이 천여 명을 죽인 것으로 밝혀져 충격을 주었다. 동물에 대한 폭력은 단지 몇몇 '나쁜 사람'의 악행일 뿐일까? 이런 극단적인 사건이 보도되면 다들 경악한다. 하지만 사실은 길에 사는 동물에 대해 우리는 그런 범죄자들과 비슷한 사고방식을 공유하고 있는 건 아닐까? 비인간 동물은 사람에게 피해가 되면 언제든 쫓아낼 수 있는 존재라는 생각 말이다.

대개 길고양이 때문에 사람이 보는 피해만 생각하기 쉽다. 하지만 그렇다고 고양이들이 도시에서 안녕한 것은 아니다. 길고양이의 한국살이는 특히 고난의 연속이다. 음흉하고 교활한 동물이라는 편견과 사람에게 해를 끼친다는 이유로 학대를 당하기도 한다. 나아가 인간중심적인 도시 자체가 위협이 되기도 한다. 한국에서는 연간 5~6,000명의 동물이 로드킬(동물들이 길에서 교통사고를 당해 죽는 것)을 당하고 있는

데, 그중 80퍼센트가 고양이다. 고양이는 건강하다면 십 년 이상 살 수 있지만, 한국 길고양이의 평균 수명은 고작 삼 년이다.

고양이가 쓰레기를 뒤지는 이유는 그만큼 먹을 것이 없기 때문이다. 먹이활동을 할 수 있는 녹지가 거의 남아 있지 않은 도시에서, 어쩔 수 없이 사람이 버린 음식을 먹다가 높은 염분 때문에 쉽게 질병에 걸린다. 그래서 길고양이에게 사료를 챙겨주면 쓰레기를 뒤지지 않을 뿐만 아니라, 먹거리가 충분해서 영역다툼도 줄어든다. 뿐만 아니라 밥을 주는 것만으로 배설물 문제도 어느 정도 해결할 수 있다. 고양이는 식사 자리와 배설하는 곳을 구분하고, 배설물을 흙에 묻어 흔적을 남기지 않는 습성이 있다. 보란 듯이 길바닥에 똥을 싸두는 것은 누군가에게 불만이 있거나 영역 표시를 확실히 하고 싶기 때문이다. (만일 당신 집 앞에 고양이가 똥을 싼다면 뭔가 밉보인 게 없는지 생각해보라.) 사람들이 길고양이 급식에 적극적일수록 고양이들이 좁은 영역에 모여들지 않게 되고, 배설물을 드러내놓을 필요도 없게 된다.

이처럼 사람들이 길고양이를 탓하는 문제들은 고양이의 습성을 이해하고 나면 어느 정도 해결할 수 있다. 더군다나 길고양이가 사람에게도 필요한 존재이기 때문에 함께 살아갈 방법을 찾는 것은 중요하다. 실제로 2006년부터 2009년까지 3년간 서울 종로구의 한 지역에서 민원 때문에 길고양이를 대대적으로 살처분했다가 큰 피해를 봤다. 천적이 사라지자 쥐가 늘어나기 시작하더니 2009년 여름에는 식당에 드나들고 전선을 갉아 먹은 것이다. 이 일을 계기로 길고양이의 개체수를 적정 수준으로 유지하기 위해 중성화수술 사업이 시작되었다. 그렇다면 이런 조치로 충분할까?

도시는 인간의 것일까?

충분하지 않다. 길고양이에게 급식을 하고 중성화수술로 개체수를 조절하는 것은 이미 발생한 문제를 수습하는 것이지, 문제가 발생한 원인을 제거하는 것은 아니기 때문이다. 진정한 해결책은 길고양이가 생존을 사람에게 의지하지 않고 자율적으로 살아갈 수 있는 도시환경을 만드는 것이다.

하지만 대부분은 인간이 그런 것까지 신경 쓸 필요는 없다고 생각할 것이다. 도시가 인간의 전용 공간이고 인간의 사유지라고 생각하기 때문이다. 물론 도시를 인간이 세우고 발전시켜온 것은 사실이다. 그런 점에서 도시가 인간의 산물이라는 것이 완전히 틀린 말은 아니다. 하지만 도시가 세워진 땅, 도시를 세우기 위해 사용한 자원들, 시민들이 살아가기 위해 계속 이용하는 자원들은 인간이 만든 것도, 인간이 소유한 것도 아니다. 햇빛, 물, 공기, 대지와 공간은 인간만을 위해 존재하지 않는다. 인간이 '문명'이라는 깃발을 꽂아 영역표시를 했다고 해서 다른 동물들이 이를 수용해야만 하는 것도 아니다. 땅과 하늘에 사는 크고 작은 동물들에게도 도시는 주어진 공간이고 목적지로 가는 경유지이거나 삶의 터전이다.

게다가 도시동물이 겪는 문제, 그리고 도시동물로 인해 사람이 겪는 문제는 대부분 인간의 책임이다. 가령 길에 사는 개나 고양이 중 다수는 누군가의 반려로 살다가 버려진다. 생활의 많은 부분을 인간에게 의존하다가 갑자기 혼자 살아가게 된 유기동물들은 생존능력이 부족하기 마련이다. 늙고 병든 반려동물을 유기하는 경우가 많기 때문에 더욱 그렇다. 특히 인간의 미감을 만족시키기 위해 특정한 형태로 신체가 변형된 품종견의 경우 질병에 선천적으로 시달리기 쉽다.

2009년 유해동물로 지정된 비둘기는 사람 때문에 개체 수가 폭증했다. 올림픽을 비롯한 대규모 행사에서 평화의 상징인 비둘기 수백 명을 외국에서 들여와 날려보내는 퍼포먼스가 많았기 때문이다. 필요할 때는 수단으로 사용하고 인간 생활에 불편을 주기 시작하자 유해동물로 지정해 포획이 가능하게 한 것은 이기적이고 인간중심적인 처사다.

말하자면 도시에 사는 동물들이 사람에게 주는 불편의 상당 부분은 사실 사람들 스스로 초래했다. 동물이 자생하기 어렵도록 환경을 개발하고, 동물이 인간에게 의존할 수밖에 없도록 신체와 습관을 길들이는 것이 그 원인이다. 또한 필요에 따라 동물을 사용하고 버리는 태도, 땅과 자원이 인간의 전유물이라는 생각 등도 한몫한다. 지구가 인간을 위해서 만들어진 것도 아니고, 인간이 자연자원을 독점할 권리를 가진 것이 아니라면, 비인간 동물을 인간의 소유물을 훔치고 사유지를 넘어온 도둑처럼 취급할 수는 없다.

도시에는 많은 동물들이 존재한다. 길고양이뿐 아니라, 비둘기와 참새 같은 조류, 쥐나 청설모 등의 설치류, 바퀴벌레, 곱등이, 파리, 벌, 지렁이, 거미, 개미, 진드기, 모기와 같은 곤충도 있다. 우리는 대체로 이런 동물이 집 안이나 집 앞 골목에 나타나면 소스라치게 놀라고 무서워하거나 싫어한다. 있어서는 안 될 것이 나타났다는 듯이, 보아서는 안 될 것을 봤다는 듯이. 사유지에 불쑥 들어온 초대받지 않은 무단침입자를 대하듯이 말이다.

시궁쥐가 식탁 위에 올라와도 내버려둬야 한다는 건가? 물론 아니다. 경우에 따라서는 서로 멀리 떨어져 지내는 것이 나은 종이 있다. 사람이 사자나 호랑이 같은 맹수와 한 곳에서 어울려 지낼 수는 없는 노릇 아닌가. 서로에게 심각한 질병을 옮기거나 천적인 종들이 가까이 있기를 꺼려하는 것은 당연하다. 생물종 사이의 복잡한 생태학적 관계를 무시하고 다 같이 어울려 사는 동화 속 낙원을 만들자는 이야기가 아니다. 머리 위를 뱅뱅 도는 벌을 내 방에서 쫓아내는 것과 벌이 살아갈 수 없을 정도로 환경을 망치는 것은 다른 문제다. 안전을 위해 나에게 위협이 되고 있는 동물을 멀리하고 퇴치하는 것과 인간 외 동물이 잘 살아갈 수 없는 도시

환경을 당연하게 여기는 것은 전혀 다르다. 후자의 태도는 우리가 앞에서 보았던 인간중심주의에 해당된다. 이 태도를 버리고 도시 안에서도 생태공동체를 꾸려나가야 한다. 이는 단순히 여러 종이 사이좋게 잘 지내는 것이 아니라, 종들 사이의 복잡한 상호관계를 유지할 수 있는 시스템을 만들어야 한다는 것을 의미한다.

생명이 숨 쉬는 도시를 위해

사람 입장에서도 도시동물이 해가 되지 않고, 동물 입장에서도 도시가 살 만한 공간이 되도록 만들 수 있을까? 생태공동체로서의 도시를 만들기 위해서는 도시에서 일어나는 여러 동물 문제에 대한 관심과 구체적인 개입이 필요하다. 또한 인간중심적인 관점을 버리고 생태적 관계를 중심에 둔 눈으로 변화를 그려보는 상상력도 필요하다.

　우선 대도시의 특징으로 인해 발생하는 긴급한 상황에 개입할 수 있다. 예를 들어 재개발로 인해 동네 전체가 공사장이 되고 사람들이 이주해 텅 빈 마을에 남은 길고양이를 돌보는 노력이 있다. 재개발로 건물이 허물어지고 길의 구조가 바뀌면 영역동물인 고양이는 서식지를 잃고 혼란을 겪게 되며, 대규모 이주 과정에서 유기동물도 속출한다. 해당 지역의 캣맘도 이사를 가면서 돌봐주던 사람들과도 단절된다. 시민단체 '동물권행동 카라'는 2016년부터 재개발지역의 길고양이 보호 활동을 펼치고 있다.

위급한 상황에 놓인 도시동물을 구조하고 돌보는 일 외에, 도시의 구조 자체를 변화시키는 것도 필요하다. 캐나다 토론토는 조류 친화적인 도시를 만들어가고 있다. 전 세계적으로 매해 수백만 명의 새들이 유리창에 부딪혀 죽는다. 새는 유리창에 비친 하늘이나 나무를 실제의 하늘이나 나무로 지각한다. 사람들은 통유리로 된 고층 건물이 화려하고 멋있다고 생각하지만, 새들에게는 죽음을 부르는 건축물과 마찬가지다. 토론토에서는 건물의 구조를 바꾸거나 통유리를 사용하지 않는 건물을 늘리고, 이미 외벽을 유리로 지은 건물에는 점선을 그려 넣었다. 점선을 그리는 것만으로 매년 백여 명의 새가 부딪혀 죽던 건물에서 새가 죽는 사고는 이제 한두 번으로 줄었다.

한국에서도 건물 유리창, 자동차 등에 충돌해 죽거나 다치는 새들이 많다. 2011년부터 2016년까지 전국에서 충돌 후 구조된 야생조류는 총 1만6720명였고 63.8퍼센트가 죽었다. 이 새들 중 약 25퍼센트가량이 멸종위기종이었다고 한다. 2010년부터 서울시에서는 한강 주변에 있는 한강사업본부가 관리하는 건물에 '버드 세이버 스티커'를 부착하기 시작했다. 이러한 노력은 도시에 사는 새와 도시를 지나가는 철새를 보호할 수 있고, 유리가 망가지고 놀라는 등 사람이 입는 경제적, 심리적 피해도 방지할 수 있다.

이보다 더 근본적인 변화도 요구된다. 도시의 길 위에 사는 동물들이 스스로 생존할 수 있도록 생태적 공간을 곳곳에 복원할 필요가 있다. 동네마다 실개천이 흐르고 사람이 자주 드나들지 않는 작은 숲길도 필요하다. 이런 공간은 동물이 살아갈 수 있는 안전한 터전이 될 뿐만 아니라 도시의 시민들에게도 자연과의 생태적 관계를 회복하는 기회가 될 것이다. 일정 규모 이상의 건물마다 콘크리트가 뒤덮지 않은 땅을 남겨두어야 한다. 다세대 주택에 주차장을 필수로 마련해야 하는 것처럼, 풀과 꽃, 작은 나무들이 자라나는 땅을 마련해두는 것도 필수적이다. 길고양이는 딱딱한 아스팔트를 긁는 대신 자기 습성대로 땅을 파서 똥을 싸고 흙을 덮어둘 것이고, 사람들은 더 이상 똥을 피해 다니지 않아도 될 것이다.

터널이나 고속도로를 건설할 때 생태통로를 만들어 야생동물들이 지나다닐 수 있는 길을 따로 내는 것처럼, 도시에도 동물을 위한 길이 필요하다. 신호등이나 횡단보도 같은 인간의 기호체계는 개나 고양이에게는 의미가 없다. 육교처럼 동물이 교통사고의 위험 없이 걸을 수 있는 길이 필요하다. 더불어 동물 교통사고의 가해자에게 책임을 묻는 법률도 있어야 한다. 사고가 나면 운전자는 자진 신고를 하고 다친 동물을 치료하거나 시체를 제대로 수습하도록 의무를 지우는 것도 방법이다. 이런 책임을 법으로 의무화하면 운전자가 동물에 주의를 기울이게 유도할 수 있을 것이다.

건축 및 재개발과 관련된 법률을 손봐야 한다. 신규건축과 재건축 및 대규모 재개발을 결정할 때, 해당 지역에서 살아가는 동물과 자연물 역시 고려되어야 할 가치를 지님을 법률에 포함시켜야 한다.

사람이 자연을 파괴한 결과로 인해 동물이 받는 피해 역시 고려해야 한다. 길에 사는 동물들은 지구온난화로 인한 혹한과 폭염, 미세먼지를 피할 방법이 없어 온종일 온몸으로 견디고 있다. 이들은 기후변화나 대기오염에 아무 책임이 없지만 안전한 건물에 몸을 숨기거나 마스크를 쓰거나 공기청정기를 구입할 수 없다. 우리의 선택과 행동의 결과로 발생한 생태위기가 동물에게도 큰 영향을 주고 있음을 인식하고 이들에 대한 책임을 외면해서는 안 될 것이다.

마지막으로 헌법에 동물과 자연의 권리를 명문화할 필요가 있다. 2008년 에콰도르에서는 헌법에 자연의 권리를 포함시켰다. 2017년 뉴질랜드에서는 황가누이강the Whanganui River에 법인격을 부여했고 콜롬비아에서는 아마존의 아트라토강Atrato River에 권리를 부여하는 법을 통과시켰다. 2014년 아르헨티나에서는 오랑우탄에 법인격을 부여했다. 이는 자연과 동물이 공동체의 일원으로서 존재할 권리, 잘 살아갈 권리가 있다는 것을 사회와 국가의 이름으로 공언하고 법으로 보장하는 것이다.

이 사례들은 생태공동체의 가치와 인간사회의 가치가 조화를 이룰 수 있음을 보여준다. 자연이나 동물의 이익과 인

273

간의 이익이 항상 대립하기만 하는 것은 아니기 때문이다. 오히려 비인간 동물에게 살기 좋은 도시는 역시 동물의 한 종인 인간에게도 더 나은 환경일 수 있다. 우리는 우리 자신의 책임을 피할 수 없는 동물들과 함께 살아가는 법을 배우고 고민할 수 있다. 우리는 사람을 포함한 여러 동물종이 한정된 공간과 자원을 공유하는 이웃으로 공존할 수 있는 조건을 조성할 수 있다. 세계 여러 도시의 시민들이 그런 노력을 기울이고 있다. 이제 우리 차례다.

책을 내기로 하고 글을 쓰는 일 년간 고민이 많았다. 동물과 관련된 생각은 자주 갈지자를 그리며 흔들렸다. 사람인 내가 인간적 관점을 벗어날 수 있을까? 그런 걸 바라는 것이야말로 오만한 게 아닐까? 나는 지금 동물이 아니라 나 자신을 옹호하고 있는 건 아닐까? 이런 질문은 동물에 관한 다른 글을 읽을 때마다 가득 차는 불만과 뒤섞여, 내가 이 책을 쓸 자격이 있느냐는 질문으로 돌아왔다. 특히 비건 활동가인 안백린과의 공동작업 과정에서 관점과 입장의 차이가 두드러질 때면, 고민이 증폭되곤 했다.

하지만 그런 고민은 결국 도움이 되었다. 책에서 다뤄야 할 여러 문제를 좀 더 다각도로 바라보고 천천히 곱씹어볼 수 있었기 때문이다. 아마 이 책의 목적도 그런 것이 아닐까 생각한다. 여기에 실은 글을 통해 생각이 다른 사람들을 설득하고 싶긴 하지만, 논쟁에서 승리하는 것이 목표는 아니다. 동물 문제가 우리

사회에서 점점 더 중요한 문제가 되고 있는 상황에서, 누가 토론에서 이기냐는 중요치 않다. 디만 우리는 이 문제들을 해결하기 위해 머리를 맞델 사람이 더 많아졌으면 좋겠다.

불과 몇 년 전까지만 해도 생태환경에 대한 논의는 먹고 살만한 사람들이나 신경 쓰는 문제로 취급되었다. 하지만 미세먼지가 일상을 뒤덮고 가까운 국가에서 대규모 원전사고가 일어나고 엄청난 폭염에 시달리게 된 지금, 지구온난화나 환경오염은 말 그대로 생존의 문제임을 모두가 인식하게 됐다.

동물의 문제는 어떨까? 동물의 권리를 위해 일하는 활동가들이나 이론가들은 비인간 동물에 대한 사랑을 강요하고 있는 것일까? 학대를 당하거나 굶고 있는 다른 사람들을 제쳐두고 동물부터 챙기는 비뚤어진 낭만주의자들일까? 대안도 없이 무조건 반대만 하며 분란을 일으키고 남의 일에 간섭하기 좋아하는 도덕주의자들일까? 그런 이들도 있기 마련이다. 하지만 실수나 오류는 언제나 있을 수 있다. 중요한 것은 남의 일인 듯 팔짱을 끼고 경계하면서 훈수를 두는 대신, 나의 책임을 직면하고 함께 고민하면서 할 수 있는 일을 하는 것이다. 동물의 권리나 해방을 주장하는 사람들은 지금 이 순간에도 실수를 바로잡고 오류를 하나씩 제거해 가면서, 미래를 지속시키는 데 중요한 실천과 활동을 하고 있다.

물론 동물 문제는 '나의 문제'로 인식하기 쉬운 주제는 아니다. 대부분의 사람들은 특별한 경험이나 계기가 있어야 이 문제가 곧 나의 이야기이기도 하다는 것을 알게 된다.

내가 동물 문제에 구체적인 관심을 갖게 된 것은 고양이 집사가 되면서부터다. 고양이 '용'이 우리 집에 오고 며칠 만에 나는 그간 당연하게 받아들였던 동물에 관한 선입견을 모조리 의심하게 됐다. 얼마 지나지 않아 인간과 비인간 동물의 차이에 대해 철학자들이 제시한 주장이 거의 헛소리라는 걸 깨달았다. 호기심이 많은 용이는 미식가이고, 재미를 추구한다. 용이의 감정 표현에 조금만 주의를 기울이면 의미를 곧장 이해할 수 있었다. 용이도 나와 자매들의 감정과 관계, 성격을 금방 파악했다. 그래서 용이와 나의 관계는 용이와 다른 자매의 관계와 달랐다. 하지만 공통점도 있었다. 우리 사이에는 언어가 생겼다. 그것은 둘째 고양이인 '오름'이가 오면서 더 분명해졌다. 용이와 세 자매 사이에 합의가 되어 있던 규칙이나 신호가 오름이가 막 우리에게 왔을 때는 통하지 않았기 때문이다. 우리가 두 고양이의 세계로 들어가 관계를 맺으려고 한만큼 그들도 우리의 세계로 들어오려고 노력했다.

사람들은 비인간 동물을 '동물'이라는 이름이나 '고양이'나 '개'와 같은 종의 이름으로 뭉뚱그려 부른다. 모든 고양이는 다 똑같고, 모든 개는 다 똑같다고 생각하기 쉽다. 다시 말해 비인간 동물은 모두 동일한 본능에 따라 살고, 프로그램대로 움직이는 기계와 같다고 생각하곤 한다. 하지만 모든 동물은 종의 특성만큼이나 각 개체가 갖는 개성도 가지고 있다. 많은 사람들이 자신의 반려동물에 특별한 이름을 붙이고 사랑하면서, 다른 동물로 대체할 수 없는 가족이나 친구로 받아들이는 것은 그런 이유다. 비인간 동물들이 개성을 가진 유일무이한 존재라는 것을 이해하면, 그들도 존중받아 마땅하다는 것을 알게 된다.

그렇지만 이런 인식은 출발점에 불과하다. 동물 문제에 관심을 기울이기 시작하면 확실한 답을 내놓기 어려운 고민이 연달아 나온다. 비인간 동물이 스스로 대표자가 될 수 없다는 점 때문에 더욱 그렇다. 여성운동이나 장애인운동, 성소수자운동처럼, 비인간 동물은 당사자이면서도 동물운동의 주체가 되어 이익단체를 꾸리고 시위를 하고, 글을 써서 사람들을 설득하고, 정치인들을 압박해 법과 제도를 바꾸도록 할 수 없다. 사람이 그들을 대신해야 한다. 그것은 비인간 동물이 우리와 다르기 때문이기도 하지만, 더 중요한 이유는 비인간 동물과 인간의 관계를 비틀어 놓은 책임이 인간에게 있기 때문이다. 그래서 비인간 동물의 경험은 인간의 언어로 번역되어야 하고, 사람들 사이에서 소통되어야 한다. 그렇기에 동물의 권리나 해방을 주장하는 사람은 자신의 번역에 언제나 오류가 있기 마련이라는 점을 기억하고 겸손해질 필요가 있다.

나는 그런 한계가 오히려 장점이 될 수 있다고 본다. '동물을 위해서' 혹은 비인간 동물과 인간의 공존을 위해서 선택한 방법들이 언제나 일시적인 최선이라는 것을 기억하는 것은 미래에는 더 나은 방법을 찾을 것임을 약속하기 때문이다. 가령 지금은 어쩔 수 없이 길고양이에게 중성화수술을 시키지만, 언젠가는 인간의 인위적인 조절이나 개입이 없이도 길고양이가 자립의 삶을 누릴 수 있는 조건을 마련하겠다는 약속 말이다.

나아가 인간인 우리 자신도 역시 동물이라는 점을 인정하면, 당사자가 아니라는 한계를 조금은 넘어설 수 있을 것이다. 우리 자신이 만든 인간과 비인간 동물 사이의 위계와 권력관계로 인해, 우리는 부당한 이익을 취하고 다른 동물들이 막대한 피해를 입고 있다. 그래서 우리는 동물의 권리를 보장하면 우리의 이익이 줄어들거나 사라질 거라고 걱정한다. 하지만 우리 자신도 동물 종의 하나라는 점을 깊이 숙고하면, 이런 이익의 대립은 가짜 문제로 드러날 것이다. 오히려 종차별과 인간중심주의로 큰 이득을 보는 사람은 소수이고, 여러 방식으로 인간도 악영향을 받는다는 사실이 점점 더 분명해지고 있기 때문이다. 그런 점에서 동물 종으로서의 인간 역시 당사자로서 목소리를 낼 수 있다.

비인간 동물이 고통으로 증언하는 경험들과 동물로서 인간이 필요한 삶의 조건을 겸손함 속에서 결합한다면 어떤 변화가 일어날까? 그런 변화를 미리 그려보기 위해서는 많은 상상력과 실험이 필요할 것이다. 이 책에서 우리는 그런 상상력이 요구되는 다양한 영역을 펼쳐놓았다. 우리는 동물의 문제가 비인간 동물은 물론이고, 역시 동물 종의 하나인 우리 자신의 삶에도 중요하다는 것을 보여주려고 했다. 큰 관련이 없어 보이는 문제들에 동물의 삶이 연결되어 있고, 동물의 삶이 문제되는 곳에서는 인간의 삶도 흔들리고 있다는 것을 보여주려고 했다.

이 책을 쓰는 동안 한국에서는 몇 가지 변화가 있었다. 동물 생산업이 신고제에서 허가제로 변경되고 업종에 동물전시업, 위탁관리업, 미용업, 운송업 등이 포함되면서 동물과 관련된 산업 시설에 대한 관리감독이 더 용이해졌다. 동물학대 처벌도 강화되었다. 동물원 동물들의 죽음이나 동물 학대 사건이 크게 이슈가 되고, 많은 사람들이 동물원 폐지를 주장하는 등 동물에 대한 관심도 한층 높아졌다. SNS에서는 채식주의자와 비채식주의자 사이의 논쟁이 여러 번 점화되었다. 여전히 풀어야 할 과제가 많고 변화는 느리지만 동물과 관련된 사안들이 우리 사회의 중요한 쟁점이 되고 있는 것만은 분명하다.

저마다 속도도 관점도 다르겠지만, 사회의 구성원인 사람들은 이런 변화에 반응할 수밖에 없다. 세계적인 흐름은 인간과 비인간 동물이 상생하는 방식을 찾는 쪽으로 이미 기울었다. 그러니 이제 문제는 동물을 윤리적 고려 대상에 포함시킬 것이냐 아니냐가 아니다. 윤리적 고려 대상으로서 동물을 어떻게 대하는 것이 가장 적합한가, 지금 우리는 무엇을 해야 하고 할 수 있는가이다. 이 질문을 구체화하고 답을 찾아가는 길에 이 책이 보탬이 되길 바란다.

2019년 9월
황주영